现代拳击教程

霍鹏翔　主编

北京体育大学出版社

策划编辑 李志诚　潘　帅
责任编辑 吴光远
责任校对 李志诚
版式设计 小　小

图书在版编目（CIP）数据

现代拳击教程/霍鹏翔主编．—北京：北京体育大学出版社，2017.3（2025.8 重印）
ISBN 978－7－5644－2547－0

Ⅰ.①现… Ⅱ.①霍… Ⅲ.①拳击－教材 Ⅳ.①G886.1

中国版本图书馆 CIP 数据核字(2017)第 058722 号

现代拳击教程　　**霍鹏翔　主编**

出版发行：北京体育大学出版社
地　　址：北京市海淀区农大南路 1 号院 2 号楼 2 层办公 B－212
邮　　编：100084
网　　址：http：//cbs. bsu. edu. cn
发 行 部：010－62989320
邮 购 部：北京体育大学出版社读者服务部 010－62989432
印　　刷：三河市龙大印装有限公司
开　　本：710mm×1000mm　1/16
成品尺寸：170mm×240mm
印　　张：13.25
字　　数：270 千字
版　　次：2017 年 3 月第 1 版
印　　次：2025 年 8 月第 7 次印刷
定　　价：36.00 元

（本书如有印装质量问题，请与出版社联系调换）

编审委员会

审定专家： 任　军　杜七一　王德新

主　　编： 霍鹏翔

副 主 编： 翟　磊　钟　军　桂亚男　丁振亮

王　维　马庆娟　潘　玥

序

获悉《现代拳击教程》即将出版，十分欣慰。拳击运动历史悠久，经过不断地发展已成为一项集现代体育、科技、人文、教育、市场、社会于一体的竞技运动，是一项为世界人民所喜爱的体育项目。

拳击运动的发展，离不开教材的不断更新，教材是实现课程目标和反映课程内容的重要载体，也是学科建设的重要环节。随着体育科学的日趋发展，现代拳击运动中的一些新观点、新技术、新战术、新理念以及教学训练的新方法，必然需要在拳击教材中得以及时反映、充实和体现，这是时代的要求，也是拳击运动发展的需要。

我院骨干教师霍鹏翔作为重竞技教研室书记，他本人受过多年的拳击专业训练，技术精湛。他多年奋战在专业体育院校拳击教学的第一线，在总结教学训练工作经验的基础上，勇于探索、力求创新、具有特色，编写了《现代拳击教程》一书。它是我院拳击运动教材建设的一个新起点。此书的出版不仅有助于拳击运动的进一步开展，而且对推动拳击相关人员教学训练水平的提高、实现我院拳击运动的蓬勃发展必将起到积极的促进作用。

武汉体育学院体育科技学院院长
武汉体育学院二级教授、博士生导师 周发江 教授

编者的话

拳击运动有着悠久的历史，深受世界人民所喜爱。1904 年第 3 届奥林匹克运动会男子拳击被列为正式比赛项目，2012 年第 30 届奥林匹克运动会女子拳击也加入了奥运会的大家庭。

拳击是一项对抗性很强的竞技体育项目，是对竞技者体力、体能、技能、心理和战术等多项素质的综合考验。拳击被人们称作是“艺术化的搏斗”。高水平的拳击手在比赛时，表现出强劲有力的攻防动作，拳法敏捷、攻势凌厉，令人眼花缭乱，并且动作潇洒自如，给人以艺术性的美感。拳击是一种力量、技巧、意志、心理、智慧的竞技和健美的艺术，它不仅能培养和训练人们机智敏捷、沉着果断、勇敢顽强、不屈不挠的精神，而且可以培育人们高尚的审美观，塑造人们的心灵，同时也是促使身心全面发展的一项实用性健身运动。

我国拳击运动自 1986 年恢复以来，30 年取得了迅速的突破与发展，经过拳击界同人共同努力取得了令人骄傲的成绩，这得益于对拳击运动认识水平不断提高，正确理解和把握了拳击运动的本质和发展规律。本教材在编写过程中紧密围绕着拳击运动的特征，从一般特征和专项特征入手，深入分析和阐述了拳击运动的一般特征和专项特征，提高了对拳击运动的认识水平。

本教材不仅适合高校拳击专修、选修所需的理论知识和实践经验，而且还包含了拳击初学者所需的技、战术基础知识。对拳击专业运动员来说，可以满足他们对拳击项目特征、竞技能力特征、技战术应用特征及训练方法知识的了解，对提高拳击运动水平具有较好的指导意义。

本教材由霍鹏翔担任主编，翟磊、钟军、桂亚男、丁振亮、王维、马庆娟、潘玥担任副主编。具体分工如下：霍鹏翔负责第一章、第二章、第三章、第六章、附录的编写；翟磊、钟军、桂亚男、丁振亮、王维、马庆娟、潘玥负责第四章、第五章的编写；动作示范由邓百川、王世杰、肖本兴同学完成；全书由霍鹏翔统稿。

本教材的成功编写，要感谢中国拳击协会裁判委员会任军主任、武汉体育学院拳跆教研室主任杜七一教授、上海体育学院博士生导师王德新教授，他们在百忙之中为本书审定书稿。感谢周贤江院长为本书作序。

本教材在编写过程中，大量参考、借鉴了许多拳击界专家和学者的研究成果，在此表示衷心感谢！

本教材的出版，实为抛砖引玉。由于编者水平、经验所限，书中有误，恳请拳击界同人不吝批评、斧正，我们将不胜感激。

本书编写组

2017 年 2 月

目 录
CONTENTS

第一章　拳击运动概述

第一节　拳击运动的定义

拳击，是一项在一个正方形绳围的比赛场中，佩戴特制的柔软手套，在一定的规则和条件限制下进行的对抗竞技性运动项目。这种竞技是在两个人之间进行的，是对竞技者体力、体能、技能、心理和战术等多项素质的综合考验，因而拳击又是一项实用的健身运动。在观看拳击比赛的时候，我们既为运动员娴熟、多变的技战术叫好，又非常羡慕那强健的体魄和强有力的攻击。正是拳击具有这双重的运动特点——强烈的对抗性和实用的健身作用，使拳击既造就了像阿里、泰森、霍利菲尔德等一代代拳王，同时又吸引着数以亿计的不同国度、不同民族以及不同肤色的拳迷，特别是吸引着广大青少年投身于拳击运动之中。也正是因为拳击需要精湛的技术、多变的战术、充沛的体力、强健的体魄，以及良好的意志品质，所以拳击运动被人们称为“勇敢者的运动”。

作为一名具有一定拳击实践基础的爱好者或运动员，从拳击运动的产生开始，对拳击有相当清楚的了解，是从根本上学习理解拳击的内涵，提高拳击实战技能的根本方法。从拳击的产生和发展、拳击技术和战术的演变及训练、拳击比赛的规则和常识等方面进行系统学习、了解和实践，是快速提高拳击实战技能最有效的途径。

第二节　拳击运动的起源和发展

在《大不列颠百科全书》中就有“公元前 40 世纪，幼发拉底和底格里斯两河流域发现拳击的遗迹”的记载，距今已约有 5000 年的历史。考古学家在破译埃及象形文字中发现了公元前 3700 年有关拳击用的护具“皮绷带”的记述（图 1－1）。后来大约在公元前17世纪，拳击运动经过地中海的克里克岛传播到古希腊。公元前5世纪在爱琴海海岸发掘的一对瓷瓶上，有两人相互攻防的拳击图案（图1－2）。在希腊神话传说中，传说雅典王子赛希阿斯（公元前1000年）就通晓拳术，曾玩过这种拳击。在美索不达米亚的考古发掘中，也发现了1700年以前拳击活动的遗迹。

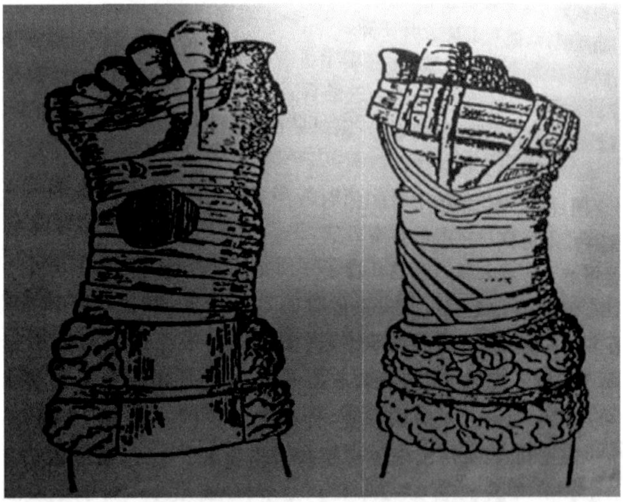

图1－1　拳击手佩戴特别拳击手套，称作锐利皮带。延伸至上臂且与4个手指用皮带连在一起

图1－2　瓷瓶上显示强壮的青年击败他的对手，后者举起右手食指承认失败

一、古代拳击运动

拳击是一项很古老的运动项目，其起源可以追溯到远古社会。处于原始时期的人类，要凭借智慧、体力和带有一定技巧的动作，在不断与来犯之敌或凶猛的野兽进行搏斗中，拳击就是其中一项重要的搏击技术。

在古希腊，拳击这项运动称为角力拳击。据说拳击手套里面装有铁蒺藜，激烈的搏斗常常以失败者的殒命而告终。在古代，由于人们对古罗马拳击的粗野，以及受欧洲各地时兴骑马斗剑的影响，拳击运动的发展受到了严重抑制。古罗马皇帝西奥多雷斯基甚至下令禁止拳击，至此，拳坛几乎寂寞了 4 个多世纪。当时盛行的骑士体育是属于统治阶级和贵族的，而且必须是基督教徒。而拳击则作为一种自卫技术、娱乐活动，在民间得以保存和不断地流行，但是不能公开比赛。

在公元 8 世纪，奥斯曼大帝执政，法庭制定了一种新制度：斗审。就是在审判中遇到疑难案件，命令诉讼双方进行决斗，胜利者胜诉。如果是贵族间的诉讼，就按贵族风俗，穿护身甲胄、骑马进行斗剑；而平民间的诉讼，则以拳击决胜负，从此，拳击在平民百姓中更为广泛地流传。

公元 1200 年，传教士圣倍纳丁看到当时许多青年在斗剑中丧生的悲剧，设法推行拳击代替斗剑。他废止了古罗马拳击的野蛮方法，提倡赤手空拳，使之成为以锻炼身体为原则的体育活动。圣倍纳丁在意大利的西纳开设了一所拳击训练学校，亲自担任教练，并主持拳赛，执行裁判工作。在赛程中遇有可能发生危险的紧急关头，他会及时命令停止比赛，以防止不必要的伤害事故发生，这种改良的拳击，逐渐在青年中流行起来，圣倍纳丁一生热衷于拳击运动，使中断了几个世纪的拳击东山再起，成为拳击史上不可磨灭的里程碑。

到了 16 世纪，拳击运动越过了多巴海峡，传播到了英国。公元 17 世纪末，拳击在英国复兴起来。公元 18 世纪初，在英国出现了有奖的拳击比赛。1719 年产生了被称为现代拳击始祖的第一位英国拳击冠军詹姆斯·菲格（1695—1743 年），并把冠军保持了 11 年之久，他有“无敌将军”的美称。菲格的拳击是没有防护的徒手“生死”型格斗。他创立了世界上最早的拳击学校，成为英国拳击运动员的培养摇篮。

菲格去世后，他的得意门生约翰·布劳顿（1704—1789 年）继承了他的拳击事业。为了使拳击减少伤害事故，他组织了拳击俱乐部。为了使拳击更有体育精神，他于1743年8月16日又推出了新的也是世界上最早的职业拳击运动比赛规则，命名为“布劳顿规则”。该规则主要规定不准打击已倒地者和不准打击腰部以下任何部位。同时，布劳顿发明了第一种软皮手套，以保护脸部皮肤。后来，布劳顿还在伦敦建造了一所大型竞技场，作为专门教授拳击和组织拳赛的中心。由于布劳顿对拳击运动提出了新的方向，对拳击的健康发展起了重要作用，后人称他为“拳击之父”。

二、近代拳击运动

（一）近代拳击运动的起源与发展

现代拳击运动始于近代英国。公元1792年，英国拳击冠军门道沙为了推广拳击，加入马戏团，到英伦三岛各地做拳击表演，积极宣传拳击。1798年，他写成拳击史上第一本拳击指南，定名为《拳击艺术》，深受人们的欢迎。门道沙是研究拳击的先驱者，也是开展拳击运动的功臣。

1838年，英国伦敦在布劳顿最初的规则基础上，制定颁布了《伦敦拳击锦标赛规则》，用于拳击比赛。1853年，对这一规则进行了修改。1865年英国伦敦业余竞技俱乐部成员、记者约翰·古拉哈姆·千巴斯又进一步完善修订了新的拳击规则。英国昆士伯利的侯爵约翰·肖鲁图·道格拉斯担任了这个新规则的保证人，并把它命名为英国《昆士伯利拳击规则》。在这个规则中，明确规定了参加拳击比赛的人必须戴拳击手套，比赛的每个回合打满3分钟，回合之间休息1分钟；比赛中禁止发生搂抱和摔跤现象，否则被判为犯规；一方被打倒后开始数秒，如果10秒钟被打倒的人不能站起来，就判定对方胜利等内容。这个规则基本上形成了后来拳击比赛的竞赛框架，为促进拳击的发展指明了方向。

英国昆士伯利规则形成之后，大约经过20年的反复实践和运用，才逐渐被人们肯定。例如比赛必须戴手套的规定，1892年9月7日约翰·L．萨里班和基姆·哥培德戴着5盎司重的拳套进行了世界第一次重量级冠军赛。这个规定最终在拳击比赛规则中确定下来，并被所有拳击比赛所采用。上述规则的不断修订和完善，特别是英国昆士伯利规则的最终确定，为促进现代拳击比赛奠定基础。从另一个角度来说，英国拳击爱好者的努力，为推动和促进现代拳击比赛的发展做出了不可磨灭的贡献。

（二）近代拳击规则的演变

比赛规则的演变伴随着现代奥林匹克拳击运动发展的整个过程，前后4个重要发展阶段直接影响了现代奥林匹克拳击运动的本质变化。

第一阶段：探索比赛规则阶段。最初的拳击比赛是双方运动员从赤手对抗开始，逐步发展到佩戴拳击手套进行比赛，其发展过程漫长（图1－3）。当时没有成文的规定，只能是口头协议或签好生死状、不戴拳套情况下进行比赛，直至一方丧失继续比赛的能力为止。1747 年，英国著名拳击家J．布劳顿针对当时混乱的比赛局面，制定出了最早的一份拳击规则，并设计了拳击手套，对近代拳击运动的开展做出了贡献。

图1－3　从赤手对抗到佩戴拳击手套的演变过程

第二阶段：拳击技战术发展起步阶段。1865 年，英国记者约翰·古拉哈姆·千巴斯完善修订《伦敦拳击锦标赛规则》，并把它命名为英国《昆士伯利拳击规则》。在这个规则中，明确规定了参加比赛的人必须戴拳击手套，强调拳击技术和战术的运用，成为当今业余拳击规则的雏形，为促进拳击的发展指明了方向。

第三阶段：1972 年慕尼黑奥运会拳击比赛上采用了白色标志带。国际业余拳击联合会在规则修订中把拳击手套拳峰部位增添了 15 厘米的白色标志带。从无到有一字之差改变了拳击训练指导思想，单一的重拳、犯规拳不能获得最后的胜利，提倡击打准确才能得点，以点数获得的比例越来越大。

第四阶段：拳击裁判员由原来的手记点数改为电子记分系统使用。在 1989 年第 5 届莫斯科世界拳击锦标赛上，来自 43 个国家 236 名运动员第一次采用电子记分系统进行了比赛。该评价系统的出现顿时在国际拳坛引起轰动，好坏评价众说不一。实践证明，奥运会、世界大型拳击比赛从争议中开始至今一直使用电子评价系统，运动员在训练、比赛中进攻、反击以及攻防转换节奏快上加快，训练理念由原来的出拳重、出拳少而精逐渐向着快、连、准的方向演变，比赛变得更具有观赏性和商业价值。同时符合体育产业化，更利于拳击运动的发展和普及。快是拳击运动竞赛的灵魂，准确更易得点，得点多者为胜。

三、现代拳击运动

1989年9月17日—10月1日，在莫斯科举行的第5届世界拳击锦标赛上，有史以来第一次使用电子评分系统（electronic scoring system）来评判运动员的胜负结果，结束了手记分的评判方式。评判胜负的方式改变直接影响着拳击技战术打法特征的发展趋势，在拳击运动发展史上具有划时代的意义。因此，我们将1989年后的拳击运动界定为现代拳击运动。

现代拳击运动分为两大系统，即业余拳击和职业拳击。业余拳击就是大家都知道的奥运会中所设的拳击项目，以及和奥运会拳击相应的各级各类拳击比赛。业余拳击是以增进拳击爱好者和运动员的健康，培养其顽强拼搏、机智勇敢和英勇善战的优良品质为目的的，适应广大拳击爱好者健身和竞技的需要，是以提高拳击技术运动水平和增进各国人民的友谊为宗旨，代表着拳击运动健康向上的发展方向，是世人所共同希望和倡导的勇敢顽强、努力拼搏的竞技精神的具体体现。1924年，第一个国际性业余拳击组织——国际业余拳击联合会（AIBA）正式成立，使全世界开展业余拳击运动有了专门的组织。国际性的业余拳击比赛除了奥运会之外，还有国际业余拳击锦标赛、拳击世界杯赛、洲际相应的锦标赛和杯赛等。各个国家和地区也相继开展了业余拳击运动，爱好业余拳击的人更是不计其数。

现代奥林匹克拳击运动也就是业余拳击，最早是由美国发起的。1888年，美国成立了世界上最早的12个业余拳击俱乐部。他们在规则和形式上与以前的职业拳击比赛有所区别，成为现代奥林匹克拳击运动的雏形。

当时的拳击运动并没有职业与业余之分，所有的比赛几乎全是以赌博赢利为主要目的。运动员多以打拳为主要谋生手段，比赛因此变得很残酷。加之当时的规则和医务监督工作极不完善，比赛回合过多。在比赛中如果一方运动员不将另一方击倒不起，比赛就不会停止。19世纪末20世纪初，随着人类社会的不断进步，现代文明的不断提高以及教育事业的不断普及，许多有识之士对当时拳击运动的看法有了根本改变。第一，作为一项体育运动，拳击比赛的最终目的不是将对手击倒、击伤，甚至致死，而应是勇敢精神、顽强意志和精湛技术的体现；第二，拳击比赛应本着友好竞争的原则，旨在健体强身，锻炼意志品质，不应以赢利为主要目的；第三，拳击比赛主要是双方运动员意志和技术的较量，比赛时间不宜过长。

当时，一位叫杰·卡迪的美国业余拳击活动家四处游说，宣传业余拳击的意义，在美国社会中起了相当大的反响。首先响应的是美国陆军、海军、军校、大学俱乐部和纽约警察。在他的影响下，这些部门纷纷把拳击作为身体训练、防身自卫的必修课，通过一段时间的实践，收到了非常好的效果。直到现在，美国军队每年还举行业余拳击比赛，并有自己的协会。例如，前 WBA 重量级冠军史密斯就是在美国军队拳击锦标赛中脱颖而出后，转为职业拳手，最后成为世界冠军。那时的比赛主要在军队、警察和俱乐部之间展开，比赛时间为 3 个回合。这是现代拳击运动诞生几百年来，首次出现以友好竞技、健体强身为主要目的的业余拳击锦标赛，标志着现代奥林匹克拳击运动的开始。

尽管许多人热情宣传、拥护将这一古老传统项目列为奥运会比赛项目，然而，当时世界上许多国家并没有开展拳击运动。但在第 1 届希腊奥运会和第 2 届巴黎奥运会上，这项提案均遭到否决。拳击到底能否进入奥运会，当时有许多人感到茫然。

（一）奥林匹克拳击运动

直到第 3 届奥运会决定在美国的圣路易斯举行后，大批热心的业余拳击爱好者才又重新燃起了将拳击运动列入奥运会的热情。因为这个位于密西西比河畔的城市当时正是美国开展拳击运动最普及的地方，有众多的从英国留学归来的美国青年对拳击运动酷爱，希望拳击能成为奥运大家庭中的一员。

为了将拳击列入奥运会比赛项目，当时著名作家杰克·伦敦和萧伯纳做了大量工作。他们在提案中以充分的事实证明，拳击运动对青年所起的教育作用，对人类体能、智能的发掘和强化，特别是对人类勇敢精神的培养是积极的。他们说服了所有固执己见的人，最终提案被通过。至此，拳击才真正堂而皇之地进入奥林匹克运动会的神圣殿堂。

然而，由于当时通信设施落后，加上路途遥远、旅费昂贵及拳击运动尚未普及等诸多原因，只有 12 个国家的 625 名运动员参加了 1904 年圣路易斯第 3 届夏季奥运会，其中美国就占了 533 人，而报名参加拳击比赛的国家只有美国一个队。当时的业余拳击比赛规则尚不完善，加上组织工作缺乏经验，比赛采用了职业拳击比赛的方法，分成 7 个级别进行角逐，即次最轻量级（47.62 公斤）、最轻量级（52.16 公斤）、次轻量级（56.73 公斤）、轻量级（61.24 公斤）、次中量级（65.27 公斤）、中量级（71.67 公斤）和重量级（71.67 公斤以上）。规则还规定，凡获各级别冠军的运动员，可以向高一级别的冠军进行挑战。结果，一位名叫奥·柯克的运动员在最轻量级比赛中打败所有对手获得冠军后，又战胜了次轻量级冠军哈莱尔，成为奥运史上第一位、也是唯一的一位在奥运会拳击比赛中获得两枚不同级别比赛金牌的运动员。尽管1904年奥运会拳击比赛只有美国参加，但它对后来业余拳击运动在世界范围内的发展、普及起了相当重要的作用，影响是极其深刻的。

第4届奥运会（1908年，英国伦敦），五大洲代表首次聚会。英国作为现代拳击运动的发源地，又作为东道主，自然把拳击运动列为比赛项目。但由于筹备时间仓促，从发出邀请到正式比赛，时间很短。拳击仅设5个级别，比赛办法同上届，运动员可以跨级比赛。由于一向表现十分出色的美国运动员无法及时赶到伦敦，所以英国运动员取得了英国在奥运会拳击比赛中最辉煌的成绩，除中量级（71.67公斤）亚军为澳大利亚的雷·贝克获取外，其余获奖名次均属英国人。

第5届奥运会（1912年，瑞典斯德哥尔摩），由于瑞典人认为拳击有损于人体健康，因此取消了这个项目。

第6届奥运会因第一次世界大战未举行。

第7届奥运会（1920年，比利时安特卫普），战火熄灭后的首届奥运会。经过战争的劫难，本届运动会的比赛成绩不尽如人意，而拳击却得到了很大的发展。拳击比赛中25个国家选手在8个级别进行激烈角逐，最后欧洲人只获得了3枚金牌（其中英国2枚、德国1枚），美国3枚，南非联邦、加拿大各1枚。次轻量级金牌为年仅19岁的美国人弗伦克·詹纳罗获得，他转为职业选手后，赢得了这个级别1928—1929年、1930—1931年的世界冠军。美国的爱德华·伊根夺得重量级（79.378公斤）拳击冠军，1932年他又在冬季奥运会四人雪橇比赛中夺冠，他是奥运会史上在冬、夏季奥运会比赛中均获金牌的唯一选手。第7届奥运会拳击赛上，运动员的水平有了较大突破，获奖牌的国家面也扩大了，这无疑是对拳击运动的发展起了促进作用。

第8届奥运会（1924年，法国巴黎），是为了庆祝恢复奥林匹克运动会30周年而定在巴黎的。而在奥运会开幕前夕，拳击史上第一个国际业余联合会成立了，它的第一任主席是美国人约翰·卡迪。这给拳击运动注入了一针兴奋剂。世界上29个国家的拳击选手来到了巴黎，争夺8个级别的冠军，最激动人心的一场决赛在两名次轻量级拳手杰基·费尔茨和约瑟夫·谢拉斯之间进行。两名选手都出生在洛杉矶，在同一所俱乐部由同一位教练指导下训练，而且都想成为奥运冠军。两人的比赛在奥林匹克的拳击场展开了3个回合扣人心弦的较量。他俩的事实告诉了人们诚实和美好的拳击运动，比赛的锣声响了，在国歌声中，两名加利福尼亚拳手控制不住自己的眼泪，在拳击场上激动地拥抱在一起。英国获得2枚金牌，美国、南非联邦、荷兰、丹麦、比利时、挪威各得1枚金牌。另外，法国式拳击还被安排为表演项目。

第9届奥运会（1928年，荷兰阿姆斯特丹），这届奥运会的拳击比赛吸引了五大洲的拳击好手，登上领奖台的有来自14个国家的运动员，这在奥林匹克拳击史上是前所未有的。大批有才干的年轻人挡住了在过去的比赛中有出色表现的著名拳击家通往胜利的道路，所有级别的冠军为那些从来没有在这种振奋人心的场合获得过胜利的国家——匈牙利、意大利、荷兰、新西兰、阿根廷等国的拳击选手获得，这是本届奥运会拳击比赛中最引人注目的特点。在获奖者的名单中，还第一次列入了过去禁止开展拳击运动国家的运动员，这不正说明业余拳击运动在全世界获得了普遍发展吗？本届奥运会的裁判工作很差，拳击比赛中经常出现差错，引起了很多国家的不满。尽管这样，意大利拳击运动员以惊人的表现出尽风头，他们一举夺得3枚金牌；阿根廷人获得了重量级和最重量级2枚金牌；匈牙利、英国、新西兰各得1项冠军。

第10届奥运会（1932年，美国洛杉矶），再次在大洋彼岸举行。令人瞩目的拳击赛在能容纳1.2万名观众的体育馆举行。但是，同圣路易斯那届一样，由于旅费昂贵，参加洛杉矶奥运会的国家和运动员比上一届减少了近一半，拳击也不例外。美国拳手欲重复28年前的圣路易斯的胜利，他们获得了2枚金牌和3枚铜牌的好成绩，名列各参赛队之首。但是他们也受到了各国好手的强力挑战，尤其是阿根廷和南非联邦拳击家相当出色的表演，他们分别为自己的国家取得了2枚金牌、1银牌和2枚金牌、1枚铜牌。其他2枚金牌被匈牙利和加拿大选手获得。菲律宾的何塞·维拉奴埃瓦获得了最轻量级铜牌，这是亚洲拳击手在奥运会上取得的第1枚奖牌。这次的裁判工作非常出色，是现代拳击比赛史上第一次系统、正规的执法。

第11届奥运会（1936年，德国柏林），历史的悲剧。德国法西斯为了使更多的德国运动员登上领奖台，以达到显示实力和炫耀日耳曼人种的尊严，他们千方百计地拉拢裁判，拳击也不例外。尽管如此，各国选手还是发挥了自己的水平，显示了各自的实力。法国选手获得了2枚金牌，意大利、匈牙利、芬兰、阿根廷各获1枚金牌，而德国队凭借不正当的手段获得2枚金牌。正是在这届奥运会上，当时的中国政府派出了69人参加，其中由当时国民党陆军32军商震部队派出的4名拳击手李梦华、靳桂、靳贵第和王润兰，遗憾的是他们都在预赛中被淘汰。

第12届、第13届奥运会因第二次世界大战未举行。

第14届奥运会（1948年，英国伦敦），奥林匹克运动的新起点。在两届奥运会中间的这段时间里，世界业余运动又向前迈进了一大步，成为世界上最普及的运动项目之一。英、美两国竟然没有获得金牌，冠军奖牌被阿根廷（2枚）、匈牙利（2

枚)、南非联邦(2 枚)、意大利(1 枚)和捷克斯洛伐克(1 枚)获得。

第 15 届奥运会(1952 年，芬兰赫尔辛基)，具有划时代意义的奥运会。由于苏联和部分东欧国家的参赛，使拳击比赛的规模和水平有了空前的提高。世界上 44 个国家和地区的 250 余名选手报名参加比赛。鉴于世界各国拳击运动的广泛开展，国际业余拳击联合会为了提高此项运动的价值和使参赛的运动员力量更趋均衡，决定在本届奥运会拳击比赛中分 10 个体重级别进行比赛，废弃如职业拳击所采用的 8 个级别。美国派出了历史上最强的奥林匹克拳击手，一举夺得 5 枚金牌，他们全是体格健壮的黑人拳击手。要知道，在 20 年间美国拳手没有在奥运会上取得任何一个级别的第一名，他们这次取得的成绩确实是值得称赞的。第一次参赛的苏联拳击选手，由于缺乏比赛经验和对对手缺乏了解，只取得了 2 枚银牌和 4 枚铜牌。匈牙利、芬兰、捷克斯洛伐克、意大利和波兰各获得 1 枚金牌。

第 16 届奥运会(1956 年，澳大利亚墨尔本)，奥运会第一次走出了欧美两洲，使世界各国拳手为了迎接在墨尔本的新的挑战，投入了积极的准备。由于业余拳击运动员在地理范围上已经普及到整个地球，国际业余拳击联合会决定，从这届奥运会开始授予奥林匹克优胜者的业余拳击运动员相同体重级别世界冠军称号。本届运动会最耀眼的明星当属 32 岁的匈牙利卓越拳击家拉斯洛·帕普。当他在墨尔本拳击场上战胜最后一名对手——美国的雷泽德·托雷斯后，成为世界上第一个连获 3 届奥林匹克金牌的拳击家。奥运会后，帕普转为职业拳击手，并多年驰名世界拳坛。由于苏联的参赛，使此届拳击赛增色不少，他们夺得了 3 枚金牌、1 枚银牌和 2 枚铜牌的骄人战绩，列非正式团体总分第一；美国和英国各得 2 金；德国、匈牙利和罗马尼亚各得 1 金。

第 17 届奥运会(1960 年，意大利罗马)，一次高水平的盛会。来自五大洲 56 个国家和地区的 290 多名拳击运动员集中到罗马，两个德国联合组队参赛，中国台湾也派出了 3 名拳击手。本届奥运会拳击比赛的突出特点是队员的年轻化和各队普遍重视了专项力量训练。在未来的岁月中，驰名全球的拳王、美国黑人穆罕默德·阿里成为奥林匹克重量级(81 公斤级)冠军。他当时用的名字是卡修斯·克莱，年仅 18 岁。罗马比赛后的 1961 年，他步入了职业拳坛，从此享誉世界。东道主意大利凭借天时地利和人和的优势，以 3 金、3 银和 1 铜获得了非正式团体总分的第一名，波兰(1 金)第二，美国(3 金)第三，苏联(1 金)第四。匈牙利和捷克斯洛伐克各获 1 枚金牌，在罗马奥运会上，国际业余拳联第一次采用 5 名评判员进行评判工作。

第 18 届奥运会（1964 年，日本东京），五环旗第一次在亚洲出现。在奥运会拳击比赛中有不错表现的南非联邦由于推行种族歧视政策，从此被剥夺了参赛资格。中国台湾有 7 名拳击手前往东京参加比赛。苏联拳击队在东京实现了他们东山再起的愿望，参加比赛的 10 名拳击手除了在最轻量级中被淘汰 1 人，其余 9 人取得了 3 枚金牌、4 枚银牌和 2 枚铜牌。技术精良的波兰拳击手有 7 人取得了奖牌——金牌 3 枚、银牌 1 枚和铜牌 3 枚。这也是这两个国家的拳击运动员在历届奥运会比赛中取得的最好成绩。意大利队挟上届总分第一的余威，仍以 2 金、3 铜的成绩，把美国队挤到第四。日本选手樱井孝雄夺得最轻量级金牌。7 年后的 1971 年击败穆罕默德·阿里，成为“世界拳王”的美国拳击手乔·弗雷泽在东京成为最重量级金牌得主。本届奥运会突出的特点是获得金牌的国家和地区中，来自亚洲、非洲、拉丁美洲的竟有 8 个之多，这在奥林匹克史上是空前的。这有力地说明，生活在这一广大地区的民族，在拳击运动方面具有良好的天赋和巨大潜力。

第 19 届奥运会（1968 年，墨西哥墨西哥城），高原之城的拳击大战。为了加强裁判员队伍的责任感，本届奥运会开幕式上首次增加了裁判员宣誓。48 公斤级是本届奥运会拳击比赛新增加的级别，从而使拳击比赛项目增加到 11 个。从本届起级别称呼变更为数字。委内瑞拉的弗·罗德里格斯获得 48 公斤级金牌。美国著名黑人拳击手乔治·福尔曼是这届 81 公斤以上级的冠军，奥运会后他转为职业拳击运动员，3 年后成为世界冠军。苏联、美国、波兰、墨西哥分获非正式团体总分前 4 名，有 21 个国家和地区的拳击手获得了奖牌，其中亚、非、拉占了 10 个。引人注目的是，世界拳坛未来的一支劲旅——古巴已悄悄地露出了实力，2 枚银牌使他们排在第 5 的位置上，来自加勒比海的黑色旋风将会吹临世界拳坛。

第 20 届奥运会（1972 年，联邦德国慕尼黑）。本届奥运会从场地设施和运动员住宿都做了精心的安排，为运动员创造好成绩提供了条件。古巴拳手果然不负众望，一举夺得 54 公斤级、67 公斤级、81 公斤以上级 3 枚金牌，显示了其强大的实力。苏联获得 2 枚金牌，匈牙利、保加利亚、波兰、美国、联邦德国、南斯拉夫各得 1 枚金牌。在本届奥运会上，民主德国体育开始飞跃，但他们的拳击没有获得金牌。

第 21 届奥运会（1976 年，加拿大蒙特利尔）。美国在拳击比赛中取代了上届居领先地位的古巴，获得了 5 枚金牌。古巴成绩也不差，获金牌 3 枚，而且银、铜牌均多于美国。如果按非正式的评分，仅负美国 0.5 分。古巴 81 公斤以上级运动员坦非洛·斯蒂文森再次取胜，是奥运会史上第一个两次获该级别冠军选手。朝鲜张淳容在 54 公斤级中夺冠，成为朝鲜第二个获奥运金牌的运动员。民主德国和波兰选手各获得1枚金牌。

第22届奥运会（1980年，苏联莫斯科），古巴拳击手称雄莫斯科。占2/5的国际奥委会成员国公开抵制或拒绝参加莫斯科奥运会，这样就大大冲淡了比赛的热烈气氛。拳击比赛由于上届坛主美国队没有参加，竞争的激烈程度明显降低，基本上成了古巴拳击手的天下。在11个级别中，古巴队获得了6枚金牌、2枚银牌和2枚铜牌；东道主苏联队获得了1枚金牌、6枚银牌和1枚铜牌；民主德国以1枚金牌、6枚银牌和5枚铜牌的成绩，第一次进入三强；波兰队的成绩是1枚银牌和4枚铜牌。28岁的古巴老将坦菲洛·斯蒂文森第三次赢得了81公斤以上级冠军，成为继匈牙利拳坛怪杰帕普后第二位蝉联3届冠军的拳斗家。在1972—1986年的14年间，斯蒂文森3次成为奥林匹克冠军、3次荣膺世界锦标赛冠军，这是世界业余拳击运动中任何一个拳击家都望尘莫及的。

第23届奥运会（1984年，美国洛杉矶），天使之城的拳击盛会。本届奥运会又受到了复杂的国际政治斗争冲击，苏联、民主德国、古巴、朝鲜等国的纠葛，对拳击比赛也带来了不小的影响。莫斯科奥运会和1981年在蒙特利尔举行的第2届世界杯赛上开始采用12个级别比赛，所以本届比赛也采用了12个级别的赛制。中国奥委会派出了一个大型体育代表团出席参加这次盛会，但当时中国还未恢复开展拳击运动，所以没有派选手参加本届奥运会拳击比赛。洛杉矶奥委会参加拳击比赛的有来自77个国家和地区的356名运动员。本届奥运会拳击比赛基本上成了美国拳击手称霸的舞台，他们的12名拳击手一共取得了9枚金牌、1枚银牌和1枚铜牌；意大利队夺得了1金、2银和2铜；南斯拉夫队取得金、银各1枚和2枚铜牌；韩国队取得金、银、铜牌各1枚。除以上4个国家外，另外还有19个国家和地区的运动员获得了奖牌，这个数字创造了奥运会史上最高纪录。洛杉矶奥运会拳击比赛的裁判员对美国运动员明显偏袒，引起了不少国家的极大不满。尽管如此，本届奥运会不失为一次成功的体育盛会。

第24届奥运会（1988年，韩国汉城）。参赛国家和运动员创当时历史最高纪录，102个国家和地区的426名业余拳击运动员参加了12枚金牌的争夺。这标志着拳击运动的普及与飞速发展，说明本届奥运会的拳击比赛更具有广泛性和代表性。但是，由于业余拳击头号强国古巴和亚洲劲旅朝鲜抵制汉城奥运会，使之不能完全反映当今世界最高水平。这届美国3金、3银和2铜，仍占金牌数和总分第一，但差距已不那么悬殊。中北美是职业拳击最盛行的地区，对开展业余拳击运动很有利，无论就其群众基础，还是对拳击运动技战术的借鉴，都使之在业余拳击赛中称雄。

他们获得了4金、4银和4铜的好成绩。苏联和东欧国家是业余拳击的主要推崇者，他们大力提倡业余拳击，无疑是业余拳击中的重要一员。他们共获得了4金、4银和8铜。亚洲地区进步较快，共获2金、1银和5铜，其中韩国独得2枚金牌。中国首次派队（2人）参加奥运会拳击比赛，也是自1985年恢复中断25年之久的拳击训练后首次参加世界性大赛，57公斤级的刘栋进入前8名。非洲国家参加最多，面广而实力接近，共获得了1金、2铜，其中肯尼亚选手获得1金、1铜。业余拳击在汉城奥运会遭到有史以来最沉重的一次打击，韩国教练集体殴打裁判员，部分运动员服用违禁药物，裁判水平低和不公平事件使业余拳击处于争论中，其在奥运会中的地位受到动摇。但是，大部分人认为，拳击是奥运会传统和最杰出的项目之一，谁也无法将它开除。

第25届奥运会（1992年，西班牙巴塞罗那），加勒比海狂飙势不可当。本届奥运会是有史以来参加比赛人数最多、水平最高的一次角逐。本届奥运会拳击比赛给人印象最深的是来自加勒比的拳击强国古巴队。在全部12个级别的比赛中，古巴队大刮加勒比旋风，有9人杀入决赛，勇夺7枚金牌、2枚银牌，成为本届奥运会的主旋律。古巴队技术精湛、规范、全面，体力充沛，反应、防守、节奏均属上乘。巴拉多、萨翁、莱穆斯是古巴队的核心与灵魂。古巴队以绝对的优势在奥运会上确立了自己的统治地位，创造了奥运拳击史上的又一奇迹！本届奥运会由于古巴队囊括了半数以上的金牌，而使世界业余拳击格局发生了新的变化。以独联体名义参加的苏联选手仅获得了81公斤级1枚银牌，爆出了本届奥运会拳击比赛的最大冷门。德国队基本保持了自己原有的地位，本届比赛共获得了2枚金牌、1枚银牌和1枚铜牌。美国队在比赛中不走运，仅获得了1金、1银和1铜，这是自1956年来美国队成绩最差的一次。曾出过不少世界拳击冠军的爱尔兰选手本届比赛有上乘表演，获得了金、银牌各1枚。亚洲选手在小级别和中级别中显示了自己的实力，共获得了1金（51公斤级朝鲜选手崔喆洙）、5铜。中国4名选手也参加了本届比赛，但与其他国家有一定的差距。为防止上届奥运会韩国教练员和运动员殴打裁判事件的再次发生，本届奥运会拳击比赛采用了高科技的尖端电脑技术给运动员打分，使拳击运动开始了新纪元。但是，由于电脑记分的首次采用，也引起了一些争议。

第26届奥运会（1996年，美国亚特兰大），跨入新世纪，形成新格局。来自五大洲364名拳坛精英参加12个级别的角逐，古巴队以4金、3银的战果卫冕，团体总分高居榜首；保加利亚以1金、2银列团体总分次席；哈萨克斯坦以1金、1银、1铜坐团体总分第三把交椅。在4个小级别的比赛中，竞争激烈，场面迭爆，金牌争夺战是在保加利亚、菲律宾、古巴、匈牙利、泰国选手之间进行。保加利亚丹·博基洛夫战胜菲律宾选手，获得了48公斤级冠军；51公斤级冠军被古巴拳手罗梅罗获得；匈牙利运动员伊·科瓦奇战胜古巴选手梅萨，摘得54公斤级桂冠；泰国拳手卡姆辛获得了57公斤级的第一名。中级别阿、古、俄、美其称雄。60公斤级阿尔及利亚选手霍·索尔塔尼摘走金牌；63.5公斤级古巴选手维嫩特力挫德国选手乌尔卡，摘得桂冠；76公斤级，俄罗斯的奥·塞托夫把古巴老将、1995年世界排名第一的胡·埃尔南德斯击败获银牌。71公斤级是最精彩的一场比赛，结果美国选手雷德以KO的战绩击败一时大意的古巴选手杜维赫尔，为美国队夺得拳击赛的唯一一枚金牌。大级别古、哈、乌三足鼎立。上届奥运会，古巴选手包揽了75公斤级、81公斤级、91公斤级和91公斤以上级的桂冠，显赫一时。时隔4年，古巴在大级别中受到欧、亚选手的挑战，选手除了蝉联75公斤级和91公斤级冠军外，81公斤级和91公斤以上级的金牌分别被哈萨克斯坦的吉罗夫和乌克兰的克里琴科摘走。91公斤级冠军为古巴老将萨翁，他是上届奥运会拳击比赛冠军、世界拳击锦标赛“五冠王”，在亚特兰大拳击台上，显示了其精湛的技艺。本届奥运会拳击赛，我国派出了杨相中（第二轮被淘汰）、陈涛（第一轮被淘汰）、江涛（第5名）参加角逐，本着锻炼队伍的原则，他们也取得了一定的成绩，但离拳击强国还有差距。

第27届奥运会（2000年，澳大利亚悉尼）。悉尼奥运会设有12个级别，古巴队以4金的战果再次卫冕，团体总分高居榜首。吉列尔莫·里贡多克斯获得54公斤级冠军，马里奥·金德兰获得60公斤级的冠军，豪尔赫·古铁雷斯获得75公斤级的冠军，费利克斯·萨翁获得91公斤级的冠军；48公斤级的冠军被法国选手卜拉希姆·阿斯卢姆获得；哈萨克斯坦的别克扎特·萨塔哈诺夫和叶尔马汉·伊布赖莫夫获得了57公斤级和71公斤级的冠军；而俄罗斯选手奥列格·赛托夫和亚历山大·列布贾克获得了67公斤级和81公斤级的冠军；51公斤级的冠军被泰国选手维占·庞利德夺去；63.5公斤级和91公斤以上级分别被乌兹别克斯坦选手穆罕默德卡迪兹·阿卜杜拉耶夫和英国选手奥德利·哈里森获得。

第28届奥运会（2004年，希腊雅典），来自五大洲的312名拳击运动员参加了11个级别的角逐。在这次奥运会中实行了国际拳联的最新规则，级别改为11个。拳击强国古巴在此次奥运会中大获丰收，取得了5枚金牌，其中扬·巴特雷米·瓦雷拉获得48公斤级冠军，尤里奥基斯·甘博阿·托勒达诺获得51公斤级冠军，吉列尔莫·里贡多克斯再次蝉联了54公斤级的冠军，马里奥·金德兰再次蝉联60公斤级的冠军，欧德拉捏·索利斯·封蒂取得了91公斤级的冠军。另一个拳击强国俄罗斯也取得了不俗的成绩，取得了3枚金牌。阿列克谢·提卡琴科获得57公斤级的金牌，盖达别克·盖达别科夫获得75公斤级的金牌，亚历山大·波伏特金获得91公斤以上级的冠军。64公斤级的冠军被泰国选手马努斯·布江农获得，69公斤级的冠军被哈萨克斯坦选手巴克蒂亚·阿塔耶夫获得。另外，美国在此次比赛中只有安德烈·沃德取得了81公斤级的冠军。

第29届奥运会（2008年，中国北京），拳击格局重新划分。本次比赛共有来自多个国家和地区的286名运动员参加了比赛。在本届奥运会拳击比赛中，最大的赢家是中国拳击队。在此次比赛中，48公斤级邹市明和81公斤级张小平获得2枚金牌，91公斤以上级张志磊获得1枚银牌，69公斤级哈那提·斯拉木获得1枚铜牌。中国列奖牌榜第一位，开创了我国拳击运动新的历史和辉煌。传统拳击强国古巴有4人杀入决赛，但都没有取得最后的胜利，只获得4枚银牌，与上届获得5枚金牌的实力相距甚远。俄罗斯获得了2枚金牌，意大利、蒙古国、泰国、英国、哈萨克斯坦、乌克兰、多米尼加各获得1枚金牌。从本届比赛奖牌分布来看，传统拳击强国的优势已不复存在，奖牌逐渐被多个国家瓜分，不再是以往的一枝独秀。

第30届奥运会（2012年，英国伦敦），本届奥运会的最大亮点就是女子拳击正式加入奥运大家庭，设3个级别，男子拳击为10个级别。20个代表团有奖牌入账，13枚金牌被8支队伍瓜分，呈现出分散态势。与上一届1金2铜共3枚奖牌的成绩相比，英国队在本土进行的奥运会上实现了大踏步前进，亚当斯得到的金牌为女子拳击运动史上第一枚奥运会金牌，更是意义非凡。拳击传统豪强乌克兰队和古巴队各取2金，排名第二位、第三位。另一支老牌强队俄罗斯队虽然仅获得了1枚金牌，但6枚奖牌的总数为所有队伍中最高，整体实力依然强劲。

从上述奥运会上拳击比赛的参加和结果情况可以看出，拳击运动在世界范围内广泛开展，技术在逐渐提高，竞争日益激烈，这充分说明了拳击运动在世界体育大家族中占有越来越重要的地位。这项运动愈来愈受到人们的青睐，并朝着健康的方向发展。由于拳击运动具有极其强烈的对抗性、健身性和职业拳击的利益驱使，使现代拳击在短短百余年的时间内，迅速发展成为世界上最大的体育项目之一，遍及180多个国家和地区，吸引着千百万青少年拳击爱好者、拳击运动员热衷于这项运动；同时也吸引着数以亿计的拳迷观众，这些爱好者和热心拳迷，为促进现代拳击运动的发展，同样做出了功不可没的贡献。

（二）现代拳击的垄断

在1904年9月21日举行的第3届奥运会上，拳击第一次被列为正式比赛项目。

由于种种原因，只有美国队一支队伍参加了首次的拳击比赛，包揽了 7 个级别所有的 7 枚金牌、7 枚银牌和 4 枚铜牌，其中美国运动员奥利弗·柯克获得了 52.2 公斤级和 56.7 公斤级两个级别的冠军，成为历史上同一届奥运会获得 2 枚金牌的运动员，出现了最大的垄断性比赛。

1908 年在伦敦北安普敦学院举行了第 4 届奥运会拳击比赛，当时也同样出现了上届奥运会拳击比赛类似的情况，只有东道主和澳大利亚等 4 个国家的 42 名运动员参加了比赛，其中东道主英国 32 名运动员几乎包揽了 5 个级别的所有奖牌，再次垄断了奥运会拳击比赛的奖牌。

1956 年在澳大利亚墨尔本举行的第 16 届奥运会上，苏联第一次参加奥运会拳击比赛，就以 3 枚金牌、1 枚银牌、2 枚铜牌和 6 枚奖牌的最佳成绩获得团体总分第一，打破了以美国垄断奥运拳击比赛的局面。接下来的 1960 年和 1964 年，苏联连续在两届奥运会拳击比赛上共获得 4 枚金牌和 14 枚奖牌，奠定了世界拳击老大的形象和地位。

1968 年古巴运动员首次亮相墨西哥第 19 届奥运会拳击比赛赛场，独特的打法风格吸引了当时世界拳坛的眼球，并且首次获得了 2 枚奥运银牌。时隔 4 年，在 1972 年第 20 届慕尼黑奥运会上，古巴运动员以 3 枚金牌、1 枚银牌和 1 枚铜牌的历史性突破成绩首次战胜苏联，获得总分第一名，苏联第二，2 个国家的运动员几乎包揽了 11 枚金牌的一半，精彩的表现和突出的实力更让世界拳坛望而兴叹。

1974 年古巴首都哈瓦那承办了每 2 年 1 次的第 1 届世界拳击锦标赛，45 个国家和地区的 274 名运动员参加了 11 个级别的比赛，标志着世界拳击运动蓬勃发展的趋势。同时世界拳坛垄断格局再次形成，古巴运动员再次在家门口展示了自己的实力，以 5 枚金牌、1 枚银牌和 2 枚铜牌继 1972 年奥运会拳击比赛以来又一次获得总分第一，震惊了世界拳坛。

纵观世界拳击运动百年发展史，我们为之震惊。拳击比赛从 1904 年第 3 届奥运会 1 个国家 18 名运动员参加，发展到 2008 年第 29 届奥运会 78 个国家和地区的 286 名运动员参加；从 1974 年由 42 个国家和地区的 274 名运动员参加的第 1 届世界拳击锦标赛，发展到规模达到 127 个国家和地区的 685 名运动员参加的 2011 年第 15 届世界拳击锦标赛规模，但奥林匹克拳击运动的发展一直处于一个弱肉强食的阶段垄断状态之中。

现代拳击起源于英国，盛行在美国，美国是最早参加奥运会拳击比赛的国家。自 1956 年第 16 届奥运会起，拳击奖牌逐步被苏联（之后为俄罗斯）和古巴 2 个国家瓜分（表1－1），世界拳坛格局第一次发生了变化，形成了俄罗斯的直线形进攻打法和古巴十字形移动打法两大传统优势风格，从而引领着世界拳坛的发展趋势。自1986年我国恢复拳击运动起，先后聘请了古巴和俄罗斯教练来执教国家拳击队，为我国拳击项目的发展打下了良好的基础。

表1－1　历届奥运会拳击奖牌阶段分布统计

阶段	名次	国家	金牌/枚	银牌/枚	铜牌/枚	总数/枚	比例/%
第一阶段（1904—1952年）	1	美国	24	17	17	58	26.72
	2	意大利	6	6	5	17	7.83
	3	匈牙利	6	0	0	6	2.75
第二阶段（1956—1968年）	1	苏联	10	9	7	26	15.85
	2	美国	8	2	8	18	10.97
	3	波兰	5	6	10	21	12.80
第三阶段（1972—2008年）	1	古巴	32	17	12	61	13.23
	2	美国	21	8	17	46	9.97
	3	俄罗斯	12	11	15	38	8.24

注：1904—1952年奖牌总数为217枚；1956—1968年奖牌总数为164枚；1972—2008年奖牌总数为231枚。

四、我国拳击运动的发展

我国拳击历史悠久，古代武艺活动中徒手的拳脚肢体运用是古代拳击形式发展的重要源泉。徒手技击在发展中形成了颇具后世拳击特点的武艺形式，并在演化过程中为后来拳击运动的成熟和发展起较大的推动作用。随着近代西方拳击运动传入中国，中国传统的拳击运动得到较快发展，并逐步走向世界。

（一）我国古代拳击运动

中国的拳击有着悠久的历史，中国古代的拳击被称为拳搏，是古代武艺活动中的一项重要内容。拳搏起源甚早，据《述异记》所记的传说，在5000多年前的氏族部落时代，黄帝部落与蚩尤部落在涿鹿（今河北涿鹿县东南）进行了一次大战，蚩尤部落的人都在头上戴上假角，与对方相击斗，锐不可当，其中就包括了拳搏这一形式。这可以说是中国武艺拳搏中最古老的格斗形式之一。

商代，拳搏中的一些形式已很流行。殷墟卜辞甲骨文中出现了诸多象形字，如甲骨文中的“斗”字像两手相击；《史记》中描写商纣王“材力过人，手格猛兽”，能徒手与猛兽搏斗，是需要力气和拳搏技巧的。西周时期，拳搏是一项很重要的军事训练内容。春秋战国时代，拳搏这类徒手武艺流行较广泛。《诗经》中把“拳”与“勇”联系在一起，说明有拳有勇应是周代男子必备条件，后世拳击中的雏形在这时已经开始形成。在著名的《庄子》一书中，有一段关于拳搏的记述，指出拳搏开始时只不过是嬉戏，后来为了取胜，生出许多技巧变化，以克敌制胜。从这里可以推知，战国时期的拳搏活动，已经具备拳击技术的一些特点了。

进入汉代，由于国力强盛，统治阶级对文化娱乐活动更为需要。于是，拳搏与同时盛行的歌舞、杂技、魔术等诸类游戏形式，共同发展成为一种大型的综合性表演——百戏。在百戏中，拳搏常常是最受人喜爱的必不可少的节目。这时期，拳搏又出现了另一种名称——“手搏”。在当时的《汉书·艺文志》里就载有《手搏》6 篇，归类于兵技。强调“手搏”是以体现攻防格斗技巧为其运动特征的，它是当时军队选练与百戏表演中的重要内容。这种以巧斗力的身体联系形式，可以说是汉代拳击的重要特征，标志着中国古代具有拳击特征的拳搏在这时已初具系统化。

北魏太和十九年（495 年），孝文帝拓跋宏为天竺禅僧跋陀在嵩山五乳峰之麓创建了少林寺。据《太平广记》转载唐人编的《纪闻》和《朝野佥载》两部书所著，跋陀剃度的小和尚，多数是爱好体育活动的，其中一位叫稠禅师的和尚，“初落发为沙弥时，辈甚众，每休暇常角力，腾踔为戏，而禅师以劣弱见凌，给侮殴击者相继”。后来稠禅师练得“筋骨强劲，拳捷骁武”，和尚们不但不敢再欺侮他，反而向他习武。稠禅师的拳法惊人，可能就是他苦练的结果。这说明，包括少林寺拳法在内的中国武术，在这时已开始昭名于世，其中就有现代拳击的重要特征。宋元承袭唐五代遗风，拳搏活动愈来愈盛，这一时期的拳搏更为流行。《都城纪胜》一书载：“别有使拳，自成一家。”说明拳搏已有自己固定的套路了。明代戚继光在其《纪效新书·拳经捷要篇》中说：“古今拳家，宋太祖有三十二式长拳。”这类拳法虽然未必是宋太祖亲创，不过其中的某些招式受到宋代所出现的“使拳”技术的影响，有一定的渊源传承关系。

进入明清，拳搏得到了一定的发展。拳搏被当时的一些军事家如戚继光等视为武艺的基础。《纪效新书》中有《拳经》篇，对明代流行的拳种做了概述，反映出当时已有的各类拳法，并形成各自的流派和风格。至清代，在原来流行的一系列拳搏的基础上，又出现了一些新的拳系。当时所盛行的较大拳系有几十个，一般的套路有几百种之多。清代各家拳派不仅门派化，而且理论化、套路化。这时的拳种总的特点是以拳为主体部分，包括了踢、打、跌、拿等各种技法，内容日趋丰富多彩。这一时期，无论从普及程度，还是从内容的充实和完善来说，都是我国武艺拳术发展的重要时期，它为中国拳击运动的完善和发展打下基础。

（二）我国近代拳击运动

早在 19 世纪末，西方拳击运动就流传到了我国，并于 1840 年鸦片战争后，腐败的清政府与帝国主义列强签订了丧权辱国的《南京条约》，被迫门户开放，五口通商。从此，帝国主义的军队、传教士、商人和侨民像潮水般涌进我国，他们在“国中之国”的租界里为所欲为。他们建起了各种体育俱乐部，组织各项体育活动，拳击这项古老的运动在中国大地播种下了种子。当时外侨组织的拳击活动，都是在各地租界内进行的。每逢组织重大拳击赛时，总是以上海为比赛地点，所以上海最先成为我国近代拳击活动的中心。

20 世纪 20 年代末—30 年代初，在外侨组织的拳击赛中出现了几位中国拳击手，他们大多是归国侨胞。与此同时，职业拳击比赛也首先在上海举办。当时，规模最大的一次职业拳击比赛是为庆祝上海回力球场和天津回力球场落成的开张典礼，上海万国体育总会特地从西方国家请进一批知名职业拳手，在上海和天津两地进行职业拳击比赛以示庆祝。自此以后，上海回力球场（今卢湾区体育馆）、跑场（今文化广场）、跑马厅（今上海美术馆）、工部局市政厅（今市府大礼堂）就经常举行职业拳击赛。后来，一些大的舞厅里也时常举行职业拳击比赛，以此招徕更多的舞客。参加拳击赛的都是些洋琴儿（舞厅里的伴奏乐师，俗称洋琴儿），他们的拳击水平一般，纯以逗乐取笑为主。当时，外籍职业拳击手水平高的有恰恰利、乔克拉拉、金春吉（朝鲜）等。

其中新加坡华侨冯慰红，作为当时的职业拳击手威名远扬。他体重 51 公斤，是最轻量级的职业拳击明星，拳艺全面，能攻善防，是位智勇双全不可多得的拳击手。在比赛中能巧妙地运用格挡和闪躲，使对手频频击空，并能以闪电般的速度迎击和反击。多变的战术使对手毫无招架和还击之机，往往以绝对优势取胜。当时上海与他同级别的对手对他畏之若虎，在上海的外侨拳击家也惧他三分。上海职业拳坛赞誉他为“小雷雨”，意即他体重级别小，出拳像雷雨一般迅狂。冯慰红在职业拳击赛中接受外籍拳击手挑战从不计报酬，唯一的要求就是对手必须要打 10 个回合以上的比赛，同时要安排在最后一场比赛以显示中国拳击手之威风。十分遗憾的是，他在上海仅逗留了几年，便于 1936 年返回新加坡了。

上海职业拳击手最早是由拳击三兄弟开始的，老大林中正，老二林中民，老三林中孚。林中正原是上海回力球场华人职员，他自己的拳击水平并不高，但林氏三兄弟在上海职业拳坛颇有名气，经常邀请国人拳击手参加洋办的比赛。林中孚曾任我国台湾拳击协会秘书长，1980 年随队参加莫斯科第 22 届奥运会拳击比赛，后侨居美国纽约。1936 年在柏林举行的第 11 届奥运会上，我国第一次参加拳击项目比赛。在此之前，由全国遴选 4 名选手曾赴奥运会前的训练，他们是王润兰、靳贵第、靳桂和李梦华。为了取得更好的成绩，他们特地到上海聘请前澳大利亚拳击冠军丁格尔进行赛前辅导，最终成行的是王润兰、靳贵第和靳桂 3 名拳击运动员，费用由 32 军军长商震支付。结果他们在柏林的比赛中，没有打完第 1 回合，就被对手击倒。

第一位最早的中国自己的职业拳击经纪人出现在 20 世纪 40 年代。1941 年 12 月，圣诞节前日军偷袭珍珠港。日军入侵上海租界地前后，第一位外籍职业拳击经纪人是徐德馨，上海崇明人，国际海员，通晓英语，酷好拳击，到过不少国家，收集了不少拳击资料。20 世纪 20 年代末，就曾经参加外侨组织的拳击活动；1927 年拜国际名拳师乔・伊格尔为师，学习拳击技术；1930 年毕业后，在香港谋得国际海员之职。这使他有许多机会观摩考察拳击赛，也收集了大量有关拳击的资料，并在工作之余多次参加职业拳击赛。抗战后期，他以“中华拳击协会”的名义参加上海国际拳击协会，充当职业拳击经纪人，组织国人拳击手参加职业拳击比赛，对开展中国职业拳击比赛做出了不少工作。1936 年，徐德馨决心培育中国青年一代拳击手，由他创办的中华拳击会，聘请亚洲冠军菲籍杨・邓迪和拳击高手乔・克拉勒为助理。从此，中华拳击会经常举办有外侨参加的拳击赛，相互角力经验，促进了拳击事业的发展。

在中国近代拳击运动史上，业余拳击选手早在 20 世纪 30 年代就出现了，周盘贸、郭慧德、曾锦才是 30 年代初上海 3 位较有影响的业余选手。中西业余拳击比赛出现在 20 世纪 40 年代，第 1 届举办于 1941 年秋，原定每年举行 1 次，后由于爆发了第二次世界大战，日军侵占租界，非日、德、意轴心国侨民都关进了日本军集中营，一年一度的中西拳击比赛也就自动停止了，直到抗日战争胜利又恢复了比赛。但前后仅举行了两届比赛。中西业余拳击比赛主办单位是上海中华基督教青年会体育部，参加比赛的对象都是居住在上海的中西业余拳击运动员，在沪的职业拳击手是不准参加比赛的。

第 1 届中西业余拳击赛在上海四川中路青年会第一分会（现在的浦光路中学篮

球馆）举行，报名参赛的有英国、西班牙、意大利、葡萄牙、苏联、犹太（以组织的名义参加）、日本、朝鲜、菲律宾和中国选手等40余人，上海选手有圣约翰大学学生孙天明、李墙根，精武体育会的郭振英、周士彬，英租界工部局蒋惠莉。当时的比赛规程严格规定：参加者必须有6个月以上连续保持训练，并须有教练员签字证明和持有医生体检合格健康证书方可报名参赛。这次比赛结果，郭振英3战3胜荣获冠军，周士彬2战1胜1负获第3名。

1946年8月10—16日，第2届中西业余比赛在青年会八仙桥总会篮球馆举行。这届比赛是由原国民党政府财政部部长孔祥熙资助，并在开幕式和闭幕式致辞，比赛还请他给运动员发奖。这是抗日战争胜利后，第一次比较大规模的比赛，有苏、意、葡、西、菲、朝等国侨民业余拳击运动员50余人参加，精武会4名选手参加。在比赛中，周士彬3战3胜荣获轻中级（147磅，1磅≈0.45千克）冠军，陈祖良3战2胜1负获该级的亚军；顾伯麟3战3胜荣获中量级（156磅）冠军，高士宗3战2胜1负获该级亚军。

中国近代史上的拳击运动，除了最早的几次职业比赛和两届中西业余拳击赛之外，较少举办过大的拳击比赛。而就是这类比赛，也是中、外或中、侨联合进行的地方性比赛。虽然在1936年第11届奥运会上曾派拳击手参加了比赛，却未有成绩，影响不大。实际上，在中国近代拳击史上有着较大影响的，还是中国拳击史上首次全国比赛——旧中国第7届全国运动会拳击比赛，本届全运会于1948年5月5—16日在上海举行。在这届运动会上，拳击被首次列为正式项目。当时拳击比赛分为10个体重级别，但只有7个级别的运动员参加。在这届运动会上，许多省市包括台湾在内的拳击手参加了比赛。比赛结果：重量级（81公斤）冠军为广东的何友彰；中乙级（63公斤）冠军是上海的周士彬；中丙级（63.5公斤）冠军是上海的李恺；轻甲级（60公斤）冠军是广东的黄勤；轻乙级（57公斤）冠军是上海的黄增修；轻丙级（54公斤）冠军是台湾的萧文宗；轻丁级（51公斤）冠军亦是台湾的陈明标。当时的拳击附属于国术项目之内，由著名武术家王怀琪主持。

在近代中国拳击界，曾出现了许多著名的拳击名家，除了前面提到的新加坡华侨冯慰红，上海职业拳手林中正、林中民、林中孚三兄弟，第一位职业拳击经纪人徐德馨之外，影响较大的还有出生广东的拳击家陈汉强以及陈汉强的得意弟子郑吉常。陈汉强是一位品德优良的拳击家，1891年出生在广东，青年时随家人去澳大利亚悉尼定居。悉尼是具有悠久历史的世界拳击中心，那里拳击家云集，拳赛活动非常频繁。陈汉强就是在这良好的拳击环境里成长起来的。到悉尼后不久，他就迷上了拳击，和拳击结下了不解之缘。他身材不高，但两臂较长，厚胸阔背，在拳击赛中凭借熟练高超的拳技和有强大打击力的铁拳，挫败过无数对手，是位典型的拼搏型拳击家。

由于当时我国国际地位低，侨居海外的炎黄子孙到处遭受歧视和欺压，这使陈汉强在攀登拳击顶峰的道路上经历了许多坎坷。但他有民族气节，热爱祖国，勤学苦练，闯过了重重难关。1919 年澳大利亚举办全国拳击锦标赛，主办者害怕冠军荣誉落到中国人手里，千方百计地阻挠他参赛，直至他在拳赛中连连获胜，才不得不让他进入冠军联赛的行列，取得锦标赛的资格。在比赛中，陈汉强过关斩将，所向披靡，终于在 20 回合的决赛中，以积分优势击败了对手奇克，实现了他早年的愿望，荣获澳大利亚全国重量级（126 磅）冠军和 15 000 澳元的奖金。这是他在拳坛上奋斗 10 年所取得的辉煌成就，这一惊人的消息，震惊了全澳大利亚和国际拳坛。

20 世纪 20 年代末，36 岁的陈汉强怀着振兴祖国拳击事业的赤子之心，远渡重洋回到上海，在上海精武体育会开设了中国第一个拳击训练班并亲自任教练，耐心教练拳技，培育祖国青年一代拳击手。他对我国的拳击运动，做出了一定的贡献，这位闻名于国际拳坛的老拳击家于 1957 年离开内地去香港定居，两年后因病在香港逝世，享年 66 岁。

20 世纪 20 年代，活跃在拳坛的还有一位著名的拳击手，他就是陈汉强培育的高徒——郑吉常。郑吉常出生于广东，12 岁时随着双亲到上海定居。他身体强壮，动作敏捷，反应快速，是一名优秀的拳击高手。他在战术上创造了一种特殊的进攻技巧，先用左拳从不同的角度，发出连珠炮般的单拳，忽上忽下，或左或右，迷惑对手，迫使对手失去平衡进而攻击圈内；然后立即把握住瞬间良机，紧密配合右拳突然重拳。他出拳神速如蛇舌伸缩，打击力强，命中率高，被人誉为拳击界的“毒蛇”。在他 20 岁那年，受日本名教练山本的邀请，单枪匹马东征日本，击败了山本所有的高徒。回国后，他曾在上海华侨青年会击败被称为“最难对付的高手”英国海军军官艾尔·费埃，使中国人扬眉吐气。

1936 年第 11 届奥运会时，有关方面邀请郑吉常参加，但由于当时政府不重视体育，费用必须由运动员自己负担一半，为此他不得不放弃这一机会。郑吉常继陈汉强之后，在精武体育会任教多年，他培养出来的学生遍及全国各地。其中在拳坛上享有盛誉的李培根和上海体育学院的周士彬教授等都是受过他教益的门人，郑吉常在新中国成立前的第 7 届全运会中首任拳击裁判工作。新中国成立后，他任上海市拳击摔跤协会筹备会副主任、上海市拳击队主教练。1986 年我国拳击运动恢复后，他任上海市拳击协会副主席。他对我国拳击事业的发展有着不可磨灭的功绩。

从古代的徒手技击，到早期拳击运动的雏形——拳搏，再到后来拳击运动的逐渐形成，直到西方现代拳击运动项目传入中国，中国的拳击运动走过了一段漫长的路程。就中国近代拳击运动而言，它是在中国近代的拳击运动，通过广泛普及、交流和参与国际竞技，为当代中国拳击运动的开展奠定了坚实的基础。

（三）我国现代拳击运动

我国现代拳击始于20世纪20年代后期，最初称之为“西洋拳”。先有人翻译了一本《西洋拳术》。20世纪30年代，旧中国南京国民党政府的中央国术馆、国立国术体育专科学校将拳击列为主课之一，培养出了不少人才，如武术界老一辈张文广、温敬铭、李锡思、李浩、卜恩宫、吴玉昆、蒋洁泉……他们也都是擅长拳击的高手，在20世纪30—40年代称雄一时。在抗日战争前，拳击很盛行，当时教会（天主教、基督教）办的中学和大学把拳击作为体育课的内容之一。1936年在德国举行的第11届奥运会上，中国派出了69人参加，其中由原国民党陆军32军商震部队派出了2名拳击手靳贵第和王润兰，他们都在预赛中被淘汰，当时还有李梦华、靳桂两人参加了集训。1948年在上海举行的旧中国第7届全运会上也有拳击项目，然而参加的运动员寥寥无几，比赛的级别也不齐全。

新中国成立后，1953年11月在天津举行的全国民族形式体育表演及竞赛大会中设有拳击比赛项目，有7个单位的27名拳手参加了6个级别的比赛。张立德、王守忻、靳金绎分获中量级、最轻级和次重级冠军，余吉利和陈新华分别获得次中级和轻量级冠军，轻中级的桂冠被孙吉枝获得。1957年在上海召开了全国15个城市拳击锦标赛，有53名运动员参加了9个级别的比赛。获得冠军的选手是：王守忻、周士彬、张立德、陈新华、张华强、许连生、王修纯、顾景裕和叶来洪。1958年，我国拳击史上规模较大的一次盛会——城市拳击锦标赛（10个级别）在北京开幕。有142名拳手参加了比赛，获得团体总分前3名的是上海队、北京队和天津队。

1958年3月，上海体育学院举办了全国体育院系拳击教师训练班；同年8月，国家体委在上海集中全国选手和教练员，又举办了一次拳击教练员培训班。1959年第1届全运会筹委会曾把拳击作为大会竞赛项目。由于体育运动的“大跃进”，各省市为了在第1届全运会上“放卫星”，做贡献，盲目发展拳击运动，出现了不少伤害事故。后来感到大规模全国性拳击比赛条件还不成熟，就暂时撤销了这个比赛项目。1959年3月，由于种种原因，拳击运动被迫暂停开展。

1979年12月，世界著名拳王、美国人穆罕默德·阿里应邀来我国访问。邓小平同志在接见阿里时指出“拳击运动也可以成为增进中美两国人民的了解和友谊的渠道”之后，拳击运动开始复苏，不少城市相继举办了拳击表演和比赛。1985年，阿里第二次访问我国。1986年，阿里三访我国。

1980年，我国允许拳击在一定范围内进行试验，为正式恢复拳击做了大量的准备工作。1982年2月，当时的国际业余拳击联合会秘书长安瓦尔·乔杜里（现任国际业余拳击联合会主席）应邀来我国北京体育学院（现北京体育大学）讲学。乔杜里先生说：“不能设想，一个没有十多亿中国人民参加的国际体育组织，称得上是真实的国际体育组织。”

1986年3月，我国正式恢复了拳击运动。1986年8月，国家体委陆续下发了《开展拳击运动暂行规定》《拳击活动的安全防护措施》《拳击竞赛管理办法》等文件。1987年1月，在北京举行了恢复拳击后的第一次拳击比赛。1987年4月，中国拳击协会（CBA）正式成立，5月在南京举办了首届全国拳击锦标赛。1987年6月，中国拳击协会被AIBA正式接纳为第159个会员，使中国业余拳击进入世界业余拳击的大家庭当中。

近年来，我国运动员在世界和洲际大赛上捷报频传。1988年在韩国汉城举行的第24届奥运会上，我国拳击运动员刘栋进入了前8名。1990年在北京举行的第11届亚运会上，我国运动员白崇光获得81公斤级冠军。1993年亚洲拳击锦标赛上，我国拳击运动员江涛获得91公斤级冠军。1993年在上海举行的第1届东亚运动会上，我国拳击运动员获得4枚金牌、4枚银牌、3枚铜牌。1994年在广岛亚运会上，我国拳击运动员获1银2铜。1994年泰国曼谷举行的第七届世界杯拳击赛中，我国运动员单孝强获54公斤级第7名。1995年在亚洲锦标赛上，我国拳击运动员共获得4枚铜牌。1997年在第2届东亚运动会上，我国拳击运动员获得5银5铜的好成绩。在1996年亚特兰大奥运会上，我国著名拳击运动员江涛获得了91公斤级拳击比赛的第5名。特别值得一提的是，在2004年雅典奥运会上，我国48公斤级选手邹市明获得了该级别第3名，这是当时我国拳击运动员有史以来在奥运会拳击比赛中取得的最好成绩。更振奋人心的是继2004年的突出表现后，在2008年奥运会上邹市明更是一举夺得奥运会金牌，实现了我国拳击史上的重大突破。这一成绩的取得，极大地鼓舞了我国拳击界的士气，为在今后的国际大赛中取得更好成绩，树立了信心，看到了拳击运动在中国开展的前途。

（四）我国拳击运动发展总结

我国拳击运动的发展道路是曲折的。1958年的全国拳击比赛，由于医疗、裁判员制裁水平等因素，导致了意外事故，给国人留下了“拳击过于残忍”等不良印象，因而在中国一度被禁，由此中国拳击运动进入了漫长的“沉睡阶段”。

26 年后，世界拳王阿里的到来改变了中国拳击运动的命运，邓小平一句让阿里多来中国“带带徒弟”的中肯话语，使我国拳击运动开始“解冻”。在近 30 年的“蛰伏期”中，中国拳击运动的发展水平与世界拳击强国的差距甚远。用中国拳击队总教练张传良的话说：“当时，不用说碰古巴、俄罗斯这些强国选手，如果能偶尔赢下泰国和韩国选手，也是件非常了不起的事了。”

我国拳击运动自 1986 年恢复以来的 20 多年中，我们先后聘请了苏联、古巴、菲律宾等拳击强国的教练来执教国家队，试图迅速提高我们的水平，虽然他们的到来给我们带来了先进的训练方法和手段，但是实践证明中国拳击运动的发展完全依赖国外专家不符合我国国情，必须依靠我们自己，充分挖掘自身潜力，发挥中国人的聪明才智，必须探索出一条符合我国拳击运动发展之路。直到 21 世纪初，这一阶段可称为中国拳击的“探索阶段”。

经过我国拳击界几代人“探索阶段”的经验积累，逐步摸索出了一条具有中国特色的拳击发展之路。由于我们训练理念的提升和训练手段的创新与运用，我国拳击运动员的竞技水平迅速提高。近几年，在世界拳击大赛中不仅崭露头角，而且取得了骄人战绩。首先，在 2003 年第 12 届曼谷世界拳击锦标赛上，邹市明获得了 48 公斤级的 1 枚宝贵银牌，实现了中国拳击运动的历史性突破；继而他在 2005 年、2007 年连续两届世界拳击锦标赛上蝉联冠军。中国拳击队在北京奥运会上又获得了 2 金、1 银、1 铜的空前胜利，在拳击金牌榜上力压俄罗斯的 2 金、1 银，占据了榜首的位置，终于实现了中国拳击百年奥运会梦想。这一阶段可称为中国拳击运动的“快速发展阶段”。

反思我国拳击运动 20 多年的艰难发展历程，不论在拳击理论研究方面，还是在实践运用上，都明显落后于其他拳击强国。我国拳击界的传统观念认为：拳击就是直拳、摆拳和勾拳 3 种拳法的组合运动，在比赛过程中就是看谁的拳重，甚至认为是把对手击倒的简单过程。在相当长的一段历史时段，一直把“狠、重、拼”作为指导思想。在训练和竞赛过程中，过分看重运动员的力量和毅力的发展水平，而对拳击运动的性质和复杂的技战术系统缺乏深刻的认识。从遗传学的角度来看，我们的确对本民族的性格和体能特点认识不够，而忽视了我国运动员的小巧灵活、机智善变的特点，拿我们的劣势去拼对手的优势，在以往的国际大赛中让我们吃了很多苦头。甚至到了 20 世纪 90 年代初期，我国拳击运动员参加国际比赛第一轮就全军覆没，一场比赛下来，能够打满3个回合、坚持9分钟不被击倒已经成了运动员参赛的第一目标。

从文化学的角度来看，我国几千年来一直受儒家文化的影响，信奉中庸之道，而拳击运动的外来文化，是舶来品，我们对它的研究起步较晚，理论吸收与实践运用几乎全部是拿来主义。到目前为止，我们尚未建立一整套行之有效、科学化的拳击理论体系，与我国乒乓球、跳水等优势项目相比，拳击仍属于潜优势项目。

从拳击项目的性质角度来看，拳击属于格斗对抗性项目，运动员的技战术水平是决定其竞技能力高低的决定性因素，也是运动员竞赛制胜的关键因素。所谓拳击技术就是指拳击运动员运用自身的身体能力，合理、有效地完成进攻、防守和反击动作的方法。其中，要做到“合理”和“有效”就必须遵循人体运动学规律，符合生物力学原理，充分发展人体最大潜能并使之转化到运动成绩上去。拳击战术就是拳击运动员在比赛中根据场上各方面的信息变化，充分发挥自己的特长，为获胜而采取的计谋和行动，是一种思维上的谋略、行动上的技巧。

从目前我国拳击运动竞技水平和伦敦奥运会参赛人数上看，中国拳击运动位居世界拳击强国的第二集团，与世界拳击第一集团俄罗斯、古巴、乌克兰等国家相比，无论是运动员技战术水平，还是整体对拳击运动认识的底蕴都有一定的差距。尤其是在当今拳击新规则、新尺度以及世界拳坛格局的变化过程中，我国拳击项目面临着巨大挑战。

五、世界拳击发展趋势

（一）以欧洲为主，渐次普及

从2011年巴库第16届世界拳击锦标赛暨2012年伦敦奥运会第一站资格赛参赛国家及运动员人数来看（表1－2），世界各国拳击界都高度重视，纷纷派出最优秀的选手参赛，其中，俄罗斯、古巴、乌克兰、阿塞拜疆等17个国家都以10名运动员全额参赛。

（二）欧亚实力突出，整体差距显著

2011年巴库第16届世界拳击锦标赛暨2012年伦敦奥运会第一站资格赛，共设92个资格名额，其中49、52、56、60、64、69、75和81公斤级前10名运动员可获得奥运参赛资格（16进8时输给冠亚军的两名为第9名和第10名），91公斤级和91公斤以上级前6名运动员可获得奥运参赛资格。

表 1－2　第 16 届世界拳击锦标赛各大洲参赛运动员统计

大洲	级别/公斤										合计/人
	49	52	56	60	64	69	75	81	91	+91	
非洲	7	7	8	8	8	9	8	5	3	3	66
亚洲	14	22	18	19	19	14	16	14	8	6	150
欧洲	17	20	22	27	27	29	28	24	26	22	240
大洋洲	0	1	1	1	1	3	2	2	1	3	16
总计/人	48	59	57	66	67	63	67	56	47	40	570

欧洲运动员在本届世界拳击锦标赛上获得了 47 个伦敦奥运会拳击比赛资格，整体实力突出。其次是亚洲运动员，共获得了 28 个奥运资格；非洲和大洋洲运动员各夺得 1 个参赛席位，与他们在场上的竞技能力表现基本吻合（表 1－3）。

从各大洲运动员的实力看，亚洲运动员在 49 公斤级中表现突出，共夺得 6 个资格。其中我国著名运动员邹市明获得该级别冠军，韩国年轻小将申江宏获得亚军，曾在 2009 年米兰世界拳击锦标赛上获得冠军的蒙古国运动员塞尔丹巴获得第三，亚洲运动员包揽了该级别前三名。欧洲运动员在大级别上依旧实力出众，在 91 公斤级和 91 公斤以上级上各获得 6 个资格中的 4 席。

表 1－3　各大洲运动员获得伦敦奥运会拳击比赛资格情况

级别/公斤	非洲	美洲	亚洲	欧洲	大洋洲	合计/人
49		1	6	3		10
52		2	2	5		9
56	1	2	2	5		10
60		2	5	3		10
64		1	2	7		10
69		1	3	6		10
75		1	2	7		10
81		2	4	3	1	10
91		1	1	4		6
+91		1	1	4		6
总计/人	1	14	28	47	1	91

注：52 公斤级中有英国和威尔士 2 名运动员获得奥运资格。

（三）参赛运动员呈年轻化趋势

据第 16 届世界拳击锦标赛各国运动员的报名情况，35% 左右的运动员参加了

2010年世锦赛，大批有天赋的年轻拳击手成为主旋律。他们在比赛中体能充沛、敢打敢拼，给不少世界冠军造成了强烈的冲击。在91公斤以上级1/8决赛中，2010年世锦赛上获得冠军的19岁的克罗地亚小将赫尔戈维奇完胜罗马尼亚的尼斯托，在1/4决赛中，负于了亚运会亚军哈萨克斯坦的多奇克，就多奇克来讲，只有21岁，他最终战胜了中国的张志磊获得季军。罗马尼亚21岁小将尤拉托尼先在75公斤级1/8决赛中淘汰了古巴的北京奥运会银牌得主科里亚，为罗马尼亚获得第一个伦敦奥运会资格，接着又战胜亚美尼亚世界亚军哈克布扬进入半决赛，确保了一枚奖牌。根据运动训练学，由于运动员生理功能及心理发育的自然规律，以及在训练与竞赛负荷的影响下运动员生物适应状态发展变化的规律，决定了大多数优秀拳击运动员进行专业运动训练和竞赛夺标都具有一定的年龄特征。在本届世界拳击锦标赛上所涌现出的这些年轻小将的确让世界拳坛眼前一亮。表1－4是第16届世界拳击锦标赛上获得冠军的选手和所有级别参赛选手平均年龄的统计结果。

表1－4　第16届世界拳击锦标赛各级别运动员的年龄特征

级别/公斤	运动员	国家	冠军年龄/岁	平均年龄/岁
49	邹市明	中国	30	23.6
52	阿洛安	俄罗斯	23	23.5
56	阿尔瓦雷斯	古巴	20	24.8
60	洛马钦科	乌克兰	23	23.6
64	桑托斯	巴西	23	23.8
69	谢列斯丘克	乌克兰	26	24.7
75	赫依特罗夫	乌克兰	23	25.3
81	克鲁斯	古巴	22	24.7
91	尤塞克	乌克兰	24	25.5
+91	梅德兹多夫	阿塞拜疆	25	24.7

依表来看，获得本届世界拳击锦标赛各级别冠军的年龄在20～30岁这样一个区间，波动较大；而从各级别参赛运动员的平均年龄来看，所处的区间是23.5～25.5岁，相对集中。从表1－4中也可以看出，邹市明是10个级别冠军中年龄最大的运动员，比古巴56公斤级运动员阿尔瓦雷斯整整大了10岁，比其他8个级别冠军运动员平均年龄也将近大了6岁。同时，也发现世界各拳击强国已陆续完成了新老运动员的交替，如古巴国家拳击队参赛运动员的平均年龄为21岁，乌克兰运动员的平

均年龄为23岁，都低于本次比赛各级别冠军的平均年龄23.9岁。从本届世界拳击锦标赛参赛运动员的年龄特征看，在看到我们的各种优势的同时，也应充分估计到这些刚崛起的年轻运动员所构成的极大威胁，以便在以后奥运会的备战过程中使我们艰苦的赛前训练更有针对性和目的性。

（四）乌克兰异军突起，世界拳坛格局动荡

毋庸置疑，俄罗斯和古巴作为业余拳击运动发展最好的国家，一直引领着世界拳击运动技战术发展的方向，为世界拳击运动的发展做出了巨大贡献。随着世界拳击运动的快速发展，除老牌拳击强国之外，目前乌克兰、阿塞拜疆和英格兰等拳击运动水平也不容小觑，尤其，乌克兰的拳击运动水平更为突出。

我们对世界各国在2009年米兰世界拳击锦标赛和2011年巴库世界拳击锦标赛上的奖牌获得情况进行了统计（表1－5）。

表1－5　2009年米兰世界拳击锦标赛和2011年巴库世界拳击锦标赛奖牌分布情况

序号	金牌		银牌		铜牌		奖牌	
	2009 米兰	2011 巴库	2009 米兰	2011 巴库	2009 米兰	2011 巴库	2009 米兰	2011 巴库
1	俄罗斯2	乌克兰4	俄罗斯4	乌克兰1	俄罗斯2	乌克兰0	俄罗斯8	乌克兰5
2	意大利2	古巴2	意大利0	古巴1	意大利0	古巴0	意大利2	古巴3
3	古巴1	阿塞拜疆1	古巴1	阿塞拜疆1	古巴2	阿塞拜疆0	古巴4	阿塞拜疆2
4	乌兹别克斯坦1	俄罗斯1	乌兹别克斯坦1	俄罗斯0	乌兹别克斯坦2	俄罗斯2	乌兹别克斯坦4	俄罗斯3
5	蒙古国1	巴西1	蒙古国1	巴西0	蒙古国1	巴西1	蒙古国3	巴西2
6	乌克兰1	中国1	乌克兰1	中国0	乌克兰1	中国1	乌克兰3	中国2
7	波多黎各1	哈萨克斯坦0	波多黎各1	哈萨克斯坦2	波多黎各0	哈萨克斯坦2	波多黎各2	哈萨克斯坦4
8	德国1	英国0	德国0	英国2	德国1	英国1	德国2	英国2
9	保加利亚1	日本0	保加利亚0	日本1	保加利亚0	日本0	保加利亚1	日本1
10	亚美尼亚0	韩国0	亚美尼亚1	韩国1	亚美尼亚0	韩国0	亚美尼亚1	韩国1
11	美国0	威尔士0	美国0	威尔士1	美国0	威尔士0	美国1	威尔士1
12	中国0	意大利0	中国0	意大利0	中国2	意大利2	中国2	意大利2
13	法国0	乌克兰0	法国0	乌克兰0	法国2	乌克兰2	法国2	乌克兰2
14	白俄罗斯0	白俄罗斯0	白俄罗斯0	白俄罗斯0	白俄罗斯1	白俄罗斯1	白俄罗斯1	白俄罗斯1

续表

序号	金牌		银牌		铜牌		奖牌	
	2009 米兰	2011 巴库	2009 米兰	2011 巴库	2009 米兰	2011 巴库	2009 米兰	2011 巴库
15	格鲁吉亚 0	德国 0	格鲁吉亚 0	德国 0	格鲁吉亚 1	德国 1	格鲁吉亚 1	德国 1
16	匈牙利 0	印度 0	匈牙利 0	印度 0	匈牙利 1	印度 1	匈牙利 1	印度 1
17	印度 0	爱尔兰 0	印度 0	爱尔兰 0	印度 1	爱尔兰 1	印度 1	爱尔兰 1
18	爱尔兰 0	立陶宛 0	爱尔兰 0	立陶宛 0	爱尔兰 1	立陶宛 1	爱尔兰 1	立陶宛 1
19	哈萨克斯坦 0	蒙古国 0	哈萨克斯坦 0	蒙古国 0	哈萨克斯坦 1	蒙古国 1	哈萨克斯坦 1	蒙古国 1
20	墨西哥 0	罗马尼亚 0	墨西哥 0	罗马尼亚 0	墨西哥 1	罗马尼亚 1	墨西哥 1	罗马尼亚 1
21	韩国 0	塔吉克 0	韩国 0	塔吉克 0	韩国 1	塔吉克 1	韩国 1	塔吉克 1
22	委内瑞拉 0	美国 0	委内瑞拉 0	美国 0	委内瑞拉 1	美国 1	委内瑞拉 1	美国 1

从表 1－5 中可以看出，俄罗斯在 2009 年世界拳击锦标赛上共有 6 名运动员进入决赛，并以 2 枚金牌、8 枚奖牌的总成绩排名第一，而在 2011 年巴库世界拳击锦标赛上成绩则明显下降，只获得了 1 枚金牌，总成绩排名第四；古巴在巴库世界拳击锦标赛上获得了 56 公斤级和 81 公斤级两个级别的冠军，共获得了 4 张伦敦奥运会的入场券，列奖牌榜次席；巴西 64 公斤级运动员于 2011 年获得了世界拳击锦标赛史上的首枚金牌，以 1 枚金牌、2 枚奖牌的总成绩位居世界第五的行列；英格兰是伦敦奥运会的东道主和现代拳击运动的发源地，巴库世界拳击锦标赛成绩明显提升，获得 2 银、1 铜的好成绩，其中包括重量级银牌，并拿到 4 张奥运会入场券，令人刮目。相比而言，乌克兰运动员在巴库世界拳击锦标赛上的异军突起让世界拳坛为之震惊，获得了 60 公斤级、69 公斤级、75 公斤级和 91 公斤级 4 个级别的冠军以及 64 公斤级的亚军，共获得了 6 张奥运会入场券。特别是其有 6 人进入半决赛，5 人进入决赛，4 人夺冠，而在两年前米兰世界拳击锦标赛上，乌克兰只获得 1 金。由此可见，乌克兰运动员的技战术水平显著提高，尤其是他们表现出的压迫式打法，具有很高的技术含量，是技术与力量的完美结合。从奖牌的总体分布来看，两届世界拳击锦标赛的奖牌被 22 个国家分割。2009 年米兰世界拳击锦标赛欧洲获得 23 枚奖牌、亚洲 13 枚、美洲 6 枚。从成绩上看，虽然各大洲的奖牌获得情况几乎没有变化。但是，在 2009 年世界拳击锦标赛上则有 6 个国家获得金牌。因此可以看出，世界拳坛金牌分布有相对集中的趋势。另外，从总体上看，欧洲拳击整体实力相对稳

定，占据着世界拳坛的半壁江山；而在亚洲和美洲，极少数国家的拳击实力较强。

（五）世界拳击运动新规则下的判罚特点

从 2010 年 1 月 1 日开始，AIBA 采用了新的记分方法，取消了以往“1 秒钟的时间窗口”和“有效点”的记点方式，每个回合取最接近 3 名评判的比分，计算平均值，最后累加 3 个回合的比分为最终比赛结果。拳击运动新旧规则的计分方法对比如表 1－6。

表 1－6　拳击运动新旧规则下的计分方法对比

项目	旧规则	新规则	效果
参与裁判员数	3 名以上裁判共同判定	独立计分，取 3 名接近分数	比分数增加
判定时间	窗口打开 1 秒钟内	无时间限制	更加准确
比分显示	实时显示比分	每回合间隙时间显示	难以预测比赛结果

拳击运动旧的评分方式注重清晰、有力地单拳进攻，新的评分方式除要求进攻拳要清晰、有力以外，对比赛过程中占据主动、攻防往返能力强的运动员关注度更高。根据这一规则变化，想要赢得比赛就要多出拳，加大进攻强度和攻防转换节奏。根据现场观看 2011 年巴库世界拳击锦标赛裁判员们的执裁情况，并结合我国拳击队参加巴库世界拳击锦标赛的经验总结，我们认为，目前拳击运动在实施新规则后裁判员的判罚有以下新趋势：第一，台上裁判员对运动员开掌拳击打判罚尺度比以往有放宽趋势；第二，台上裁判员对消极、搂抱等非拳击技术犯规动作加大了判罚力度；第三，台上裁判员合理运用有利和无利判罚原则进行执裁；第四，台下评判员鼓励积极主动进攻一方运动员多得点，打分更加独立。在提倡进攻、多出拳、严判消极防守的判罚趋势下，欧洲和俄罗斯等国的运动员良好的连续进攻行为更符合新规则的要求，他们的竞技能力在比赛中也得到强势发挥。可以说，乌克兰是规则变动后竞赛成绩增长最明显的国家。

第三节　拳击运动对生理和心理的影响

一场高水平的拳击比赛，是一种不可言喻的艺术享受。拳击竞技的特点，就是它展示了攻与防的技术性和艺术性。拳击运动员们在拳台上表现出的灵活的步伐、灵敏的出击、潇洒的搏击、机动的战术、强健的体魄、智慧的升华，无不给观众以深刻的印象，这也是把大家拉到拳击台前的强大动力。在比赛中由于自己支持的队员的表现，而使观众在心理感受与参与拳击台上的瞬间优劣变化相互交换起伏着，他们在这种特殊的环境中得到了陶醉与梦幻般精神上的愉快享受。

拳击运动，尤其是业余拳击，在当今世界被许多国家看成是一项最有价值、最重要的运动。这是因为拳击运动具有提高人体神经系统、呼吸系统和运动器官等功能的效果；另外，在严格规则的限制下，还培养了人的高尚体育道德。更突出的是，现代的人类社会，是一个充满竞争的时代，优胜劣汰。在拳击的训练和比赛中，对年轻人所培养的不畏强者、不怕艰苦，面对重击敢于取胜的精神，定会对其坚强性格的形成有所渗透，使其无论在工作或生活中，都会通过自己的勤奋努力成为一个对祖国、对社会有所贡献的强者。

一、拳击运动对人体神经系统的影响

拳击运动的比赛和训练，是在不断躲闪、进攻移动和防守中进行的。尤其是在比赛中，谁能较多准确、果断、有力地击中对方身体的规定得分部位，谁就能取胜。拳击是一种人对人的运动。双方为了保护自己、打击对方，都在不断地调整距离、对均衡性和转换的灵活性，都提出了很高的要求。一个优秀的拳击运动员，必须具有快速的反应能力、敏捷的躲闪能力，以及准确的判断能力，这些都属于神经系统的功能。显然，那种兴奋过程太强、抑制过程较弱的人，不可能成为优秀拳击运动员。

二、拳击运动对心脏和血管系统的影响

心率，即每分钟的心跳频率。拳击比赛参赛者的心率，在第三个回合结束，锣声锣响的即刻，运动员的平均心率是每分钟 129 ~ 132 次。这相当于田径项目 1 500 米跑比赛中遥测的心率数。这个心率值，标志着运动血液循环和呼吸系统的机能已接近于本人的最高水平。显然，拳击运动这种强大的训练和比赛，对提高人体的心肺功能是十分有益的。

三、拳击运动对运动器官的影响

“发展体育运动，增强人民体质。”拳击作为一种锻炼身体、增强体质的非常好的体育项目，能充分表现出全部身体素质。快速出拳击打的动作是得分的根本方法，并且要把这种动作坚持时间长，这就需要以速度为先导的力量和耐力来完成；机敏的反应可使各种动作根据进攻的和防守的需要在瞬息万变的形势中不断变化；同时肢体随心所欲地活动到最大范围，这又体现了柔韧性。并且在一系列的组合动作中体现出高度的协调性。无论是在打沙袋、对练，还是实战，都是锻炼身体、增强体质的有效手段。一名拳击运动员在对应训练及比赛中，要经常采取两臂屈肘抬起的动作，以防止对手可能的攻击，并随时伺机给对方以重击。诸如此类灵敏而有力的动作，如果没有发达的肩带肌、三角肌、肱二三头肌及前臂快速地伸屈转换是不可能的。同时，必须有强有力的胸大肌和腹肌，才有利于保护胸部和腹部的内脏器官。在激烈的比赛中，需要两腿不断移动，并持续处于微屈膝的姿势，如果没有强壮的股四头肌，大腿和小腿肌群来支撑，就会过早地失去平衡，导致站立不稳而不能坚持比赛。

四、拳击是一项非常有意义、有价值的体育教育活动

体育是教育过程中的一部分。在运动过程中，锻炼者不仅得到了强健的身体，更重要的是培养和训练他们勇敢、机智、灵活、果断、顽强不屈的意志品质和在逆境中不怕苦难，克服艰难的战斗精神。在对练和实战中，由于肢体始终处于活动状态，精神处于争强好胜的兴奋状态，同时产生荣誉感、自豪感、进取感、自尊心。表现出个人的道德和意志品质，由此出现的相应行为往往是人生观、世界观、道德水准等品质的体现。这就提供了进行教育的时机，要求运动员要有涵养、要互相尊敬、遵守纪律、服从裁判，在比赛中要体现出男人的阳刚之气。

五、拳击运动对人的各方面能力的培养

拳击的对练和比赛过程中，要不断地根据场上的情况，以敏捷的思维，迅速适时地决定自己的技战术。这就要求有良好的观察力、判断力、想象力和思维力。通

过实践，这些能力就可以得到锻炼和提高。

培养竞争能力。现代社会处在竞争的时代，没有良好的竞争意识是很难在社会上立住脚的。在你来我往的对抗中，两人都勇敢顽强，坚毅果断，对竞争能力和意识的培养是十分有效的。有竞争就有输赢，只有正确对待竞赛中的胜败，才可能适应社会的激烈竞争。

培养自我奋斗的能力。在练习和比赛中，大部分时间是靠独自拼搏。教练员只是对训练提出要求和对比赛提出建议，练习的质量和比赛的结果得全靠自己。这是自我的提高，在这个锻炼的过程中就塑造了自己、发展了自己、完善了自己。

拳击可以培养吃苦耐劳的品质。吃得苦中苦，方得甜中甜。经过长时间的体力和脑力劳动，使人敢于在困境中进取，迎困难而上，并以充沛的精力进行高效率的工作。

不难看出，拳击比赛是十分激烈的。三个回合的比赛，双方都要尽力拼搏，体力消耗很大，直到精疲力竭，这时，与其说要较量技术，不如说是较量自己的心、肺和运动器官的耐力。

从近代某些学说的观点来看，一个拳击运动员，在系统的训练和比赛中所接受的各种强大的刺激，就是作用于运动员身体的许多应激因素。教练员和运动员如果能很好地控制这种应激强度，就能有效地应用这种应激的强度，就能有效地运用这种应激来增强体质和提高运动成绩。而如果强度太大，超越了个体生理应激阈限，便会导致应激功能的损坏。

现代生理学对生理应激的定义，是指强烈的刺激所引起的反应，以及随后的适应及恢复过程表征的总称。那么对于拳击运动员来说，首先把机体内外环境变化的适应性反应视为反应。其反应将会表现为其体内结构和功能的一系列深刻的变化，是身体适应，并逐渐掌握一个优秀拳击运动员所应具有的那种精湛的技术，训练出良好的器官功能和树立击败对方的必胜信心。

第四节　拳击运动的特点和作用

一、拳击运动的特点

拳击同其他体育项目一样，既具有一般体育项目的运动特点，又具有它自己的特殊性。拳击的特殊性，就在于它是运动员双方通过两只拳头的对抗，进行体能、技术和心理的较量。拳击竞技的具体表现形式，是两人在正方形的围绳比赛场地中，戴着特制的柔软手套，按一定的规则和技术要求，进行攻防对抗。攻防的武器只能是戴上特制手套的两只拳头，攻防的目标只限于对方腰髋以上的身体部位。

拳击被人们称为艺术化的搏斗。因为高水平的拳手在比赛时，表现出强劲有力的攻防动作，拳法突然迅速，攻势凌厉，令人眼花缭乱，并且动作潇洒自如，姿态优美，给人以艺术性的美感。拳击不但表现出力量、技术、意志、心理、智慧的竞技和健美的艺术，而且可以培养人崇高的审美观，塑造人的心灵。

拳击的比赛规则有自己的独特之处。在国际业余拳联自 1997 年开始实行的新规则中，规定业余拳击比赛实行 5 个回合制，每个回合 2 分钟，回合间休息 1 分钟；职业拳击比赛是实行 10 ~ 12 回合制，回合间休息 1 分钟。业余拳击比赛主要靠技术得分来判定胜负，所用拳击手套大而且厚，比赛时运动员要穿背心、短裤、软底拳鞋、戴护头盔。职业拳击比赛主要靠强烈攻击或将对方击倒判定胜负，被击倒一方在 10 秒钟内不能站立起来恢复比赛，就判对方获胜；比赛时职业拳手的手套小而且薄，赤裸上身、头部不戴头盔进行比赛。业余拳击比赛设有 12 个级别，职业拳击比赛设有 17 个级别。

拳击的独特之处还在于人们对拳击运动的不同看法。拳击是人对人的竞技项目，因而比赛时表现出的打和被打，以及产生的伤害后果，特别是职业拳击中被打倒不能站起的场面，在许多人的思想上产生极大的异议。有相当一部分人把拳击看作是野蛮、残酷，不讲人道的运动。特别是受商业规律及金钱制约着的职业拳击比赛，由于比赛时缺乏必要的安全保障，并以击倒对方为目的，造成大量的伤亡事故，更给拳击运动蒙上阴影，这就使得很多人呼吁取消拳击比赛。我们国家在 1953 年和 1959 年两度停止拳击运动，目的就是为了考虑运动员的安全。但是，这种担心和忧虑是没有太大必要的，如果对拳击运动员有了深入的认识和了解，人们就不会对拳击持怀疑和反对态度。

在拳击比赛中，产生伤害事故的现象主要是发生在职业拳击比赛中，即使如此，在开展职业拳击非常普遍的美国，职业比赛时运动员头部受伤的概率仅排在所有项目受伤率中的第 9 位。国际业余拳联公布的统计结果显示，在世界上的运动项目中，业余拳击的伤害率仅排在第 11 位，远比滑雪、赛车、曲棍球、橄榄球、足球、体操等运动项目低得多。

由于拳击需要肌肉的强大爆发力，需要完善的技术和战术，所以拳击是最复杂的竞技运动之一。比赛时面对瞬息万变的赛场情况，要求运动员能在极短的时间内准确地了解对方的基本状况，同时还要迅速做出相应的判断并采取相应的行动，利用强有力的身体和娴熟的技术、多变的战术进行攻击和防守，并且要具有战胜对手的信心和勇敢顽强的意志品质，从而战胜对手。参加拳击比赛必须经过长期系统的训练，练就强健的体魄，掌握优良的技术，能灵活地运用多种战术，还要具有顽强拼搏、勇于争胜的意志品质。这不仅对拳击爱好者和拳击运动员的身体素质和心理素质提出了很高的要求，而且，对增强拳击爱好者和拳击运动员的身心健康具有极大的锻炼价值，这是拳击运动具有的最优的最明显的最优秀的特点。

二、拳击运动的作用

拳击对人体和社会具有极大的影响作用，这些作用主要表现在以下几个方面。

（一）拳击可以增加人体的力量

我们知道，拳击比赛时要靠人体的爆发力来完成攻防动作，只有在最短的时间内将最大的力量发挥出来，才能达到攻防的目的，有效地完成攻防动作，这就要求拳手具有强劲的爆发力。训练有素的拳手肌肉工作时的弹力和出拳时的爆发力，要比一般人高出几倍，同时其出拳的速度也会相应增快。我们在练习拳击或观看拳击比赛时，都会有这样的感觉，那就是面对对方快速有力的进攻，会感到手足无措，只有靠比对方更快、更有力的技术动作，才能够占据主动，进而战胜对手。经常练习拳击，就可以锻炼拳击爱好者和拳击运动员的爆发力和速度力量，提高拳击爱好者和运动员的肌肉素质。

进行拳击运动和比赛时，需要人体肌肉在高度紧张状态下，持续较长时间的工作，这对人体肌肉和其他功能系统的持续工作能力有较高的要求。特别是拳击比赛时，肌肉活动强度大，动作持续时间长，如果训练水平较差的拳手，要想坚持 5 个回合的比赛是十分困难的。比赛时拳手的身体肌肉和精神高度集中，容易造成神经系统、呼吸系统、循环系统的疲劳。经常练习拳击、经常参加拳击比赛的拳手和拳击爱好者，可以在练习和比赛中提高肌肉长时间的工作能力，提高人体各系统的活动机能，从而大大增加和提高人的耐久力，使人体能够适应长时间高度紧张状态下的工作、训练和比赛。

拳击还可以增强练习者的绝对力量。在拳击练习，特别是拳击比赛时，拳手必须具有较大的绝对力量，才能达到攻防的目的。也就是说，必须具有重创对方的力量，才能在拳击比赛中占据优势和主动。所以，大部分拳手都十分重视绝对力量的练习，经常做大量的上肢力量练习以增加进攻的威力。据测定，世界优秀拳手的发拳力量可以达到500公斤。具有较大力量的拳手在比赛中会使对方心理上产生畏惧，丧失比赛的信心。但要注意，绝对力量是要和速度一起才能发挥作用，只有强大的绝对力量，而速度慢，就很难打到对方，使力量失去意义。所以，在拳击练习的过程中，一定要注意绝对力量和速度的结合，通过最快的速度发挥最大的力量，是取得拳击比赛胜利的关键条件之一。

（二）拳击比赛可以提高人的灵敏性和反应能力

拳击中最基本、最重要的素质之一，就是要具有高度的灵敏性和快速的反应能力。在拳击比赛和训练时，运动员要熟练地掌握各种技术方法，灵活地变化运用各种战术，并且要随机应变地随场上情况及时调整自己的技战术，同时要完成各种技术组合等，所有这一切，都需要拳手具有高度的灵敏性，具有快速的反应能力，否则就会受制于人，处处被动。经常练习拳击和参加拳击比赛的人，他们的灵敏性和反应能力就会得到充分锻炼和提高。这种灵敏性和反应能力表现在日常工作和生活中，就会使你觉得生活轻松自如，从而增加人的生活乐趣和情趣。

（三）拳击可以促进人的身心健康发展

拳击运动是手脑并用、全身活动的运动项目，需要练习者必须全身心地投入，才能完成好拳击训练和拳击比赛。练习拳击或参加拳击比赛时，人一直都是在不停地跳动和运动中，而且，拳手所采取的每一个行动都是在大脑缜密的、快速的考虑之后进行的，所以，这对人体的运动器官和大脑的分析都有极高的要求，使人体的运动器官和大脑得到充分的锻炼。又由于拳击训练和比赛时，需要在高度紧张状态下进行高强度对抗，所以对拳手的呼吸系统、循环系统、神经系统、运动系统都有非常高的要求和充分的锻炼。据实验测试，拳击比赛时运动员的氧呼吸量每分钟达3 000毫升，脉搏每分钟达200次左右。生理测试表明，训练有素的拳击运动员的心脏体积有增大的现象，心肌搏动强而有力。拳击运动员的竞技年龄比其他竞技项目的竞技年龄要长得多，一般可保持到40岁左右。比如像美国拳王福尔曼45岁时还在参加职业拳击比赛；战胜泰森的美国拳手、新的世界拳王霍利菲尔德，是在35岁时第三次获得这一殊荣的。所有这一切，都说明拳击运动对人体具有良好作用。

拳击既是人体的较量，同时也是心理智慧的较量。长期从事拳击运动，会培养人们顽强拼搏、敢打敢拼、百折不挠的意志品质，并培养人们对事业的专注和执着追求的精神。由于拳击运动具有极其强烈竞争的特点，可以锻炼拳手临危不惧时的应急能力，培养拳手在危险状况和高度紧张状况下沉着冷静的心理素质，这不仅对拳击有利，而且对于拳手在日常工作和生活中遇到困难时进行冷静处理，有着极大的帮助作用。

拳击运动员的胜负荣誉感极其强烈，拳手们经过胜利的喜悦和失败的痛苦这样巨大的情感体验，会逐渐磨炼拳手的意志，经过长期这样的磨炼，便会逐渐形成拳击运动员特有的谦虚谨慎、富有同情心和除暴安良的道德情操，对完善拳手的人格具有极其重要的作用。

（四）拳击是防身自卫的有效手段

拳击作为一种空手格斗技能，学习掌握好拳击技术之后，就可以把它运用于实战之中。拳击的攻防技术比较简单，容易掌握，经过反复训练实践后，作为防身自卫的一种手段是非常有效的。通过拳击的击打和抗击打能力训练，可以提高练习者的防身意识和自卫方法。在打和被打的练习中自然而然地掌握了防身自卫的本领，提高练习者遇到侵犯时自我保护能力。也可以为保护国家、集体和他人利益见义勇为，为维护社会的安定团结做出贡献。

（五）拳击具有广泛的社会影响作用

拳击运动已经在社会上引起极大的影响和起到了轰动作用。现在几乎在全世界都知道泰森口咬霍利菲尔德的事情，这既是拳击事业的耻辱，同时也是拳击在社会上引起社会效应的一个途径。当然，拳击对社会的影响并不只是这些丑事或花絮，最主要的还是拳击本身具有的粗犷与野性的魅力，拳击运动表现着较高的力度美、健康美、技艺美，具有强烈的吸引力和刺激性，拳击比赛时那种撼人心扉的场面和刺激大脑的气氛，都会对社会产生极大的影响作用，激发起拳击爱好者，特别是青少年学习拳击的欲望。

拳击作为勇敢者的运动，可以培养人们勇敢顽强、积极向上的精神，可以引导拳击爱好者特别是青少年通过刻苦努力、顽强拼搏和公平竞争，规范他们的做人准则，使他们的行为适应社会公德的要求，为社会培养出更多的优秀人才。

通过练习拳击或观看比赛，可以使人们获得许多启迪，例如从泰森和霍利菲尔德的前前后后，人们分清了什么是丑、什么是美、什么是社会公德。不论泰森的实力多么强大，曾经创造过什么辉煌战绩，但他的一口却咬掉了他在世人心中的巨大形象，这就是拳击的社会效应，这种社会效应会促进拳击运动和社会道德的共同进步，具有极其重要的社会意义。

思考与练习

1. 简述近代、现代拳击运动的发展。
2. 简述我国的拳击运动发展情况。
3. 从统计来看为什么欧洲拳击运动员较多，中国拳击运动员较少？
4. 分析古巴拳击运动员的情况。
5. 拳击运动的作用主要表现为哪几个方面？
6. 拳击运动对生理和心理影响有哪些？

第二章　拳击技术

本章主要学习拳击的准备动作姿势，步法中的前滑步、后滑步、左右滑步、冲刺步、侧移步、环绕步、后撤步，基本技术中的刺拳、直拳、摆拳、勾拳、抛拳，防守和反击中的拍击、阻挡、格挡、闪躲、潜避、退让、阻挠、夹靠、掩护和拳击组合技术及各种训练方法。重点要掌握的是步法，前后直拳、摆拳和勾拳及掌握适合自己的组合技术。

第一节　拳击准备姿势、步法

一、准备姿势（也称为基本姿势、实战姿势）

准备姿势是拳击运动进攻、防守的基本技术，初学者首先要掌握标准的准备姿势（图2-1）。

图2-1

左脚在前，右脚在后是右架准备姿势，即左手在前，右手在后；右脚在前，左脚在后是左架准备姿势，俗称左撇子。

动作要领和步骤：以右架为准，两脚左前右后斜开立（左架相反），与肩同宽，或略宽于肩，身体侧对对方，双手半握拳，两肩放松。左拳略高于肩，同下颌平齐，左肘弯曲约90度，肘自然下垂；右拳置于右下颌处，右肘弯曲小于90度，自然下垂保护右肋部位。

通常情况下，运动员可根据自身特点选择自己的基本姿势。

下面的例子没有特别提示则均为以右架为例。

技术要点：右（后）脚抬起5厘米左右，将身体重心落到前后脚之间；两膝微屈。收下颌，前倾朝向对手，双目注视对手眼睛，上体应斜向对方，含胸收腹，身体左右转动时，以腰部和髋关节做转动轴。

二、握拳法

动作要领和步骤：在握拳时注意食指和中指、小指和无名指并拢内屈，拇指放在中指和食指的上面，拳头稍内扣，拳峰朝上，握拳不要太用劲。否则，臂肌会很快疲劳，拳速也会降低。但是在拳击对方的有效部位前一刹那，要用力握（图2－2）。

图2－2

先练习左拳握法，再练习右拳握法。

试出拳，体会在击打中目标的一刹那握紧拳。

技术要点：平时握拳不要太用力，只是在击打对方时的一刹那握紧用力，食指到小指的第一关节和第二关节成为一个平面，这个部位叫作指关节部位。指关节部位的中心在中指和食指之间，要用这个关节中心，也就是我们常说的“拳峰”，来击打对方的有效部位（图 2－3）。

图 2－3

三、拳击的基本步法

案例：20 世纪前的拳击比赛，运动员如果运用步法来避开对手的攻击，则被视为是胆怯的行为。1892 年 9 月 2 日，拳击史上划时代的事件出现了。美国旧金山银行职员詹姆斯·科贝特运用灵活的脚步移动，躲开少年大力士——约翰·沙利文强有力地打击，像逗小孩玩一样打击沙利文，终于获得胜利，轰动了拳击界。这一新战法，使人们摒弃了以前那种不许闪躲移动的呆板的拳击，而为拳击界所广泛采用，之后逐渐发展成为今天的拳击方法。拳王穆罕默德·阿里获胜的一个重要因素就是步法移动的灵活性和打击的准确性，曾被形容为：“漂浮如粉蝶，冲刺若黄蜂。”由此可见步法的重要性。

在拳击技术体系中，步法是其中重要的一节。尤其在运动员刚开始接触拳击这项运动时，要用较多的时间来进行专门的步法训练。在比赛中，运动员要保持身体平衡，灵活地移动身体，使自己始终处于进攻和防御的最佳位置，主要依靠步法来实现进攻和防守及反击的目的。

拳击的基本步法有滑步、冲刺步、侧步、环绕步、撤步等。

（一）滑　步

1. 前滑步

两脚向前跃出一步，即后脚掌蹬地，前脚稍离地面向前滑进一步，后脚迅速跟进。两脚以脚掌着地，重心始终保持在两腿之间（图 2－4）。

图 2－4

2. 后滑步

两脚向后跃出一步，即前脚掌蹬地，后脚稍离地面向后滑出一步，前脚迅速后滑一步。两脚以脚掌着地，重心始终保持在两腿之间（图 2－5）。

图2-5

3. 左滑步

向左侧移动，即右脚蹬地，左脚向左侧横滑一步，右脚同时跟进，保持准备姿势（图2-6）。

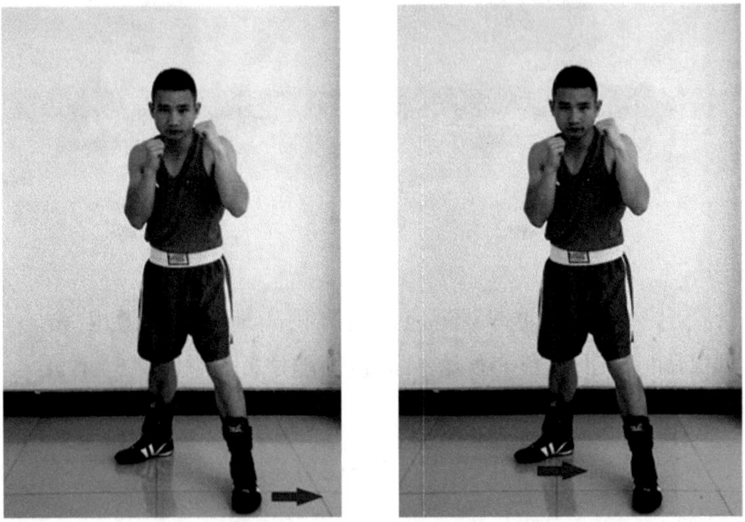

图2-6

4. 右滑步

向右侧移动，即左脚向右侧横滑一步，左脚同时保持准备姿势（图2-7）。

技术要点：使用步法移动时，身体重心要平稳，开始训练要慢速，熟练后加快速度，脚掌尽可能不离开地面，即“擦”着地面移动，全身要放松。

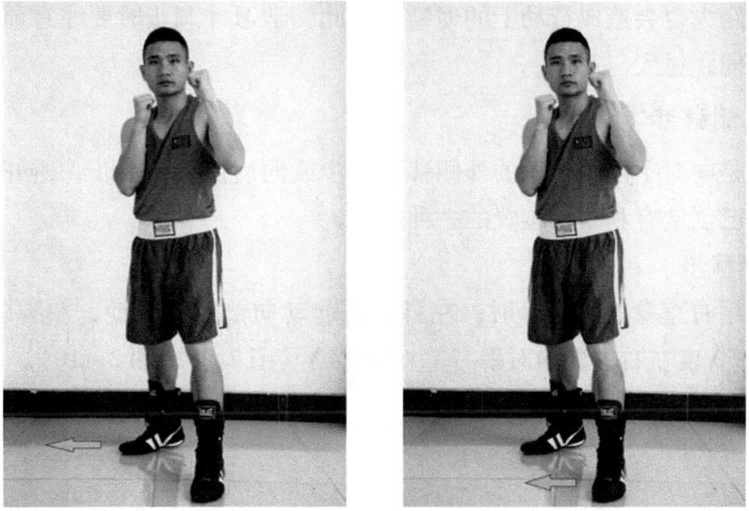

图2－7

（二）冲刺步

左脚平放在地面上。着力点在前脚掌上，右脚掌着地，足跟稍抬起，左脚急速向前滑进一步，右脚随着跟上一步，仍保持拳击攻击姿势，冲刺步与前滑步动作相似，唯速度加快（图2－8）。

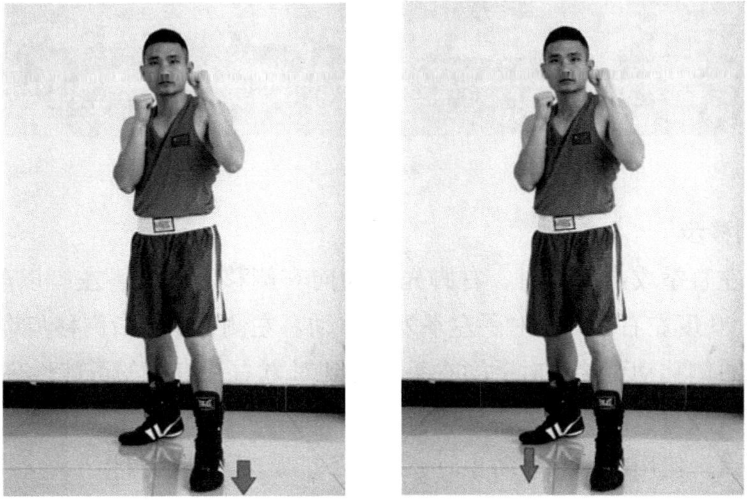

图2－8

技术要点：冲刺步是一种突然进攻的步法。当对手防守上暴露出破绽时，应立即抓住有利时机配合直拳突然袭击。冲刺步易犯错误是跨步式前进，即前脚凌空跨步前进。这样人体在凌空阶段时只有一只脚支撑，容易被对手击倒；另外，两脚着地远、足间距大也会造成行动上的迟钝。因此，学习冲刺步时要注意前脚不可凌空跨进和两足间距过大。

（三）侧移步

侧移步是向对手出拳方向的外侧移上一步或向后侧方移一步，避开对手的直拳攻击，为自己创造有利攻击位置的一种步法。

1. 左侧移步

当对手用右直拳攻击头部时，左脚应先起动向前上方移动，左脚以前掌为轴，向左侧移动 50 度左右，即向对手右拳外侧移动（图 2－9、图 2－10）。

图 2－9

图 2－10

2. 右侧移步

对手用左直拳攻击头部时，右脚先起动向右侧移上一步，左脚以前脚掌为轴，原地向右转 90 度左右。即向对手左拳外侧移动。左侧移步比右侧移步难度大，因为左侧移动比右侧移动更接近对手的右手，受到对方右手打击的可能性更大。掌握左侧移步法能发挥自己的有力武器打击对方的腹部和下颌。

技术要点：使用左右侧移动步时，两足不能走交叉步，身体尽量不要左右摇摆。侧移步是防御的一种，也是进攻的一部分，因此，在学习侧移步时应注意和反击动作结合起来。

（四）环绕步

环绕步是以对手为中心，并围绕对手移动的一种步法。环绕步有顺时针方向和逆时针方向 2 种。它的动作好像侧移步法，但它不属于侧移步法，它的动作幅度较小，只稍微闪躲对方的打击，在拳击比赛中，有经验的选手常常是在进攻前为避免被对手出其不意地击打，而下意识地采用环绕步，用以迷惑对手并且能够抓住对手破绽而快速反击。

1. 逆时针环绕（向右环行）

当对手用左直拳击打头部时，右脚先向右移动，左脚跟着向右移动，即只向右侧移动一点，可立即用右直拳反击对方头部（图 2－11）。

图 2－11

2. 顺时针环绕（向左环行）

当对手用右直拳击打头部时，左脚先向左移动，右脚跟着向左移动一点，可快速用前手拳击打对方头部（图 2－12）。

图 2－12

技术要点：运用环绕步的目的是转移进攻方向，寻找进攻机会，或调整呼吸，以及短暂的休息，因此在练习和比赛中，不能消极防守，而要在防御中寻找战机，这样才能克敌制胜。

（五）后撤步

拳击比赛中在防守中常用后撤步，即前脚掌用力蹬地，身体向后快速移动，后脚先向后撤一大步，并且几乎同时迅速收回前脚，以保持好拳击的攻守姿势（图2－13）。

图 2－13

技术要点：使用撤步的目的在于迅速脱离对手的进攻，避开对手的直拳攻击，或是调整实战状态。在后撤一步后，如对手继续跟进攻击，不可连续后撤，应迅速向右或向左侧步，避开对手的连续进攻。

步法教学步骤：先练习并熟练每种步法。进行简单的步法组合，如前滑步接后滑步，前滑步接左滑步。可结合教练员的手势或声音信号练习。2 人配合练习，一人进攻步法，一人防守反击步法。结合出拳进行练习。

第二节　拳击基本技术

本节主要介绍了 4 种主要拳法，其中最常用的是直拳、勾拳和摆拳 3 种拳法。

一、刺　拳

刺拳的出击路线轨迹呈直线，以对手脸部为主要击打目标，刺拳与直拳区别在于，出拳重快则为直拳（图 2－14）。

图 2－14

（一）刺拳的动作要领和步骤

由蹬腿发力开始，转髋送肩，拳头直线出击。当肘臂将要伸直时，拳头向内旋转。前脚要在出拳的同时向前滑步，靠近对方，使发出的拳带“针刺”的感觉。拳打出去时，上体应稍前倾，并配合送肩动作，以加大出击力量和幅度。整个出拳像弹簧一样，弹出去并快速收回来。

先练习刺拳，再练习刺拳结合其他拳法。

（二）技术要点

前手刺拳看起来是一个连续的试探性动作，实际上它的作用远不只此。当对方防御你的前手刺拳时，就会暴露出防守上的空当，这就可以使自己用其他拳法如后手的重拳配合前手刺拳来进攻。这时出击的右拳是距离大的击打，准确地打出右拳，其破坏力是相当大的。灵活的前手刺拳能增加右手掌的效度，因此应重视前手刺拳。

每当使用前手刺拳时，都应该想到对方也有可能用刺拳来回敬自己。因此，打出的前手刺拳不论击中与否，另一手都要 W 防护姿势以防对手反击。

打出的前手刺拳不是消极的防御，而是在双手接触到对方时，要感觉到对方的反应，知道他下一步要怎样移动。在你的刺拳触及对方的那一瞬间，你的拳部的反应力就会告诉你下一步在什么时候什么地方移动自己的步法，这对你下一步采用什么样的组合拳来说是至关重要的。

采用刺拳时注意身体重心不可超出支撑面。出击时，判断好与目标之间的距离，以手臂刚伸直即接触目标为好。收回打出的前手刺拳，不是靠拉回，而是利用肱二头肌被迫拉长后的弹性收缩回来。每次打出去的前手刺拳要按原来打出的路线返回。

前手刺拳出击未达到预定的目的时，应迅速收回拳头，同时右掌要做好防守准备，并保持好拳击攻防姿势，不给对手以可乘之机。

二、直　拳

直拳是拳击中最基本的动作，也是运动员最常用的动作。直拳从肩部出击，轨迹呈直线，途径短，举重，是主打拳。直拳可分为左直拳和右直拳两种。

技术要点：使用直拳时，通过腿的蹬力，发力于腰，利用身体的冲力，借助于腕的抖力，将出拳力量集中于拳峰上，出击的爆发力靠的是快速灵活，形如闪电，手臂屈伸要富有弹性。拳面接触到目标后，犹如触电似的迅速将拳收回。直拳的主要击打部位为对方头部；作为战术也可以击打对手的胸腹部分。当手臂前伸尚未伸直时，拳头应向里旋转，当手臂伸直到最后一瞬间，运用出拳的速度力量以及肩部突然短促延伸，将力量集中在拳峰上击打出去。

（一）前手直拳

以右架准备姿势站立，左直拳即前手直拳，可以先从自己鼻尖向对方画一个假想直线，同自己两肩直线呈 45 度。出左直拳时，把自己的左肩转动到这个假想直线，即把左拳向内转动 45 度，与此同时，左脚向前一步，迅速向对方出拳。出拳时，手臂和肩部的肌肉要放松，不能过分紧缩。当要击打到对方的要害部位时，才握紧拳头。出左拳时，含胸收腹，右肘贴在右肋部位，右手攻到下颌位置，下颌也要往里收，以防对方的反击（图 2－15）。

前手直拳的作用与左刺拳不同，它的进攻目的更为突出。特别是左直拳的连续攻击动作，是争取胜利非常重要的技术动作。连击的左直拳，能破坏对方的平衡，扰乱其阵脚，混乱其视线，给其他拳创造了有利的进攻条件。它是用重拳打倒对方的开路先锋，是完成关键动作的向导，是争取胜利的基本技术动作。

（二）后手直拳

以右架准备姿势站立，右直拳即后手直拳，一般也是重拳。右直拳的正确动作，以站立姿势把右肩向内转 135 度，将右拳向前直击，左肩稍低一点，右脚掌用力蹬地，向内旋转。出拳的同时，前脚向前迈一步（正好击中对手的步距）以前脚掌负担身体重量，足跟平浮于地面，后足跟稍踮起。在前脚掌完成支撑一瞬间，后脚迅速跟上一步或者前脚收回一步仍保持好拳击攻防姿势。右直拳的发力，主要靠出拳速度、身体向前运动的速度以及送肩动作。发右直拳时应注意这三方面的密切协调配合，使全身的力量都集中在拳峰上（图 2－16）。

图 2－15

图 2－16

右直拳的出拳距离远，击打力量大，属于后手重拳。一般认为，右直拳在没有充分把握的情况下击打时，不仅会消耗自己的体力，而且会暴露出明显的空当，给对手以还击的机会。

三、摆　拳

摆拳是从侧面袭击对手的有力拳法，又称为横拳。分为左摆拳和右摆拳两种。

技术要点：摆拳的特点是充分利用肩部和上体的旋转力。摆拳如使用得当，其威力不亚于直拳，摆拳的动作不如直拳、勾拳和刺拳的速度快，它是借用身体向相反的方向移动而出拳，以分散对手的注意力。由于摆拳的行走路线比较长、幅度大、离心力大，如打得准，则有很大的破坏力；如打不准，则疲劳度大，且容易被对手发觉，易受对方反击。为提高摆拳的打击效果，肩部、手臂要放松，充分地利用旋转打击拳，拳击到目标的一刹那，以身体为转动纵轴，把转髋、送肩的合力汇聚在拳峰上。手腕像往下弯曲似的打击，拳的打点正击目标，这样才能发挥出摆拳的威力。

（一）前手摆拳

从右架准备姿势开始，左手摆拳即是前手摆拳。左臂略向前伸，左拳向右后方摆击。摆拳路线为平面半圆形。左拳出击时，拳及小腿均向内旋，肘部上翻，但不可过高，小臂与大臂的夹角约 120 度。拳心向下，拳眼向后，拳峰对准击打处，手臂呈大半月形状，两脚蹬地，用腰胯的扭动来增加发拳的力量。右拳微上举，保护下颌。摆击结束后立即收回，还原成基本姿势。打击的主要部位是对方头部的右侧（图 2 – 17）。

（二）后手摆拳

从右架准备姿势开始，右手摆拳即是后手摆拳。其动作与左摆拳相同，只是左右相反（图 2 – 18），学好摆拳，首先要学习如何缩短摆拳的运动路线和弧度，其次要注意犯规动作，如果打出的摆拳不是用拳峰击打，而是用拳的手掌、掌跟和拳的背侧面击打，就会出现技术犯规。

摆拳的要点提示：摆拳要以肘、肩为支撑点；出拳前不要有多余动作，以免被对方识破自己的进攻意图；不要用拳峰以外的部位击打对方，以免引起技术犯规；保持出拳前后的身体平衡，使身体重心始终保持在两腿之间；出拳后，自己的胸腹、肋部等处会露出空当，易被对手用直拳、勾拳等击中，因此必须用另一只手去阻挠或预防对手的反击。

图 2－17

图 2－18

四、勾　拳

技术要点：勾拳发力迅速急促，运动路线短，在近身格斗时是最常用的，勾拳使用得法是颇具威力的。勾拳手臂形状如钩，臂肘弯曲度大约 90 度。勾拳分为上勾拳和平勾拳两种。

（一）上勾拳

上勾拳又分为左上勾拳和右上勾拳两种。上勾拳的主要击打部位是身体腰带以上正侧头部位。

1. 前手上勾拳

由右架准备姿势开始，左上勾拳即是前手上勾拳。身体稍向左侧转，接着迅速拧转上体，左脚掌用力蹬地，左掌由下向前再向上方向，前臂外旋直击对方腹部或下颌处，此时前臂与上臂的弯曲形状如钩，约 90 度，右掌保持原姿势不变，击打后按原路线收回（图 2－19）。

2. 后手上勾拳

由右架准备姿势开始，右上勾拳即是后手上勾拳。身体右转略屈右腿，沉低右肩。拳峰朝上内扣，右拳略下降，迅速屈臂由下向上勾击，同时伸右腿右脚向内碾地以增加击打力量。出拳的过程中，上体微向左转，右肩随拳转略向前移。同时左拳迅速收回，保护下颌（图2－20）。

图2－19

图2－20

（二）平勾拳

平勾拳分为左平勾拳和右平勾拳两种。它们目标是两腮、下颌或颈部侧面。

1. 前手平勾拳

由右架准备姿势开始，左平勾拳即是前手平勾拳。拳背朝上，拳面内扣，肘臂夹角大约呈90度，出拳的同时左右脚向前移小半步，击中目标时拳心斜向内下方，利用身体腰部突然转动的力量，身体重心移到右脚，并略向右侧转体30度左右，当击中目标时，左臂向胸部右侧方转移，臂部肌肉由放松到突然紧张，之后迅速放松，再保护上体，此时身体重心移到右脚上，左脚跟外转。左平勾拳类似左摆拳打法，只不过平勾拳的肘臂弯曲度比左摆拳小，肘关节与前臂同高。（图2－21）

2. 后手平勾拳

由右架准备姿势开始，右平勾拳即是后手平勾拳。右平勾拳的动作要领同左平勾拳类似，只是身体腰部向左扭转，左脚在前略向左转动，身体重心稍移向左脚（图2－22）。

图 2 - 21

图 2 - 22

第三节　拳击的防守和反击技术

拳击比赛中，攻击和防守是密切配合进行的，二者的重要性完全是对等的，每一次进攻，都有一个正确的防守来抵御这种攻击。在拳击运动中若能使自己不被或很少被对手击中，这就意味着赢得了胜利的一半。要做到这一点，正确地掌握和运用拳击的防守技术是十分重要和必要的。应该在熟练掌握拳击基本攻防姿势的基础上，进一步学好各种防守方法，并与积极的进攻配合起来，这样在实战中才能争取主动。高超的防守技术是当今拳击冠军们的主要特点。

在拳击比赛中，防守和进攻是问题的两个方面，它们既对立又相互依存。没有进攻就没有防守，没有防守就更没有进攻。不能简单地把防守看成是仅仅为了阻挡对方的攻击，拳击防守技术由拍、挡、格、闪、让、阻、掩等多种方式构成，在运用这些方法的同时，还应结合相应的反击技术一并使用，才能收到后发制人的效果。

一、拍　击

技术要点： 拍击法主要用来阻止对方直拳进攻，如对手出左刺拳或右刺拳攻击，就可以张开拳掌拍击来拳，使拳改变方向，以起到阻止对方进攻的作用。要求用掌拍击动作的幅度不宜过大，并及时收回（图 2－23）。

【战例分析】

1. 拍击左刺拳的防守反击方法

当对手左刺拳进攻时，就可以用右拳掌向左拍击来拳使拳改变方向，拍击动作幅度要小，保持拳击进攻姿势。在向左拍击刺拳的同时，可出左直拳反击对手头部（图 2－24）。

2. 拍击右直拳的防守反击方法

当对手用右直拳进攻时，就可以用左拳向右拍击来拳，同时用右直拳击打对手头部（图 2－25）。

图 2－23

图 2－24

图 2－25

二、阻 挡

阻挡防守的方法主要用来抵御对手近距离攻击，是利用身体不易受到损伤的部位，根据对手来拳击打的路线不同可采用肘、臂和肩阻止对手来拳。用阻挡防守法可有效地防守对手在中距离、近距离和远距离的各种拳法。阻挡不是理想的防御方法，尤其是当遭到重拳击打时，身体的有关部位可能会直接或间接受到伤害。但在近距离作战时使用的机会很多，需要它来对付各种拳法的打击。使用阻挡法应该是为了更好地反击对手，而不是消极地单纯阻挡。阻挡分为肩部阻挡法、肘部阻挡法和拳阻挡法 3 种。

（一）肩部阻挡法

肩部阻挡法是用肩部阻挡对手的攻击，左脚跟稍抬起，右脚掌着地，同时稍向右转体，左肩稍提，重心落在右脚，右手防备对手的第二个打击。如果对方不连续进攻，可迅速旋转右肩出拳反击（图 2－26）。

（二）肘部阻挡法

肘部阻挡法主要用来防守对方的左右上勾拳和击打自己腹部的直拳等，肘和身体紧紧贴在一起。一般来说，用右肘阻挡对手的左手拳进攻，用左肘阻挡对手右手拳的进攻，也可以变换，总之要根据客观实际变化，采取适当的防守手段（图 2－27）。

图 2－26

图 2－27

（三）拳阻挡法

拳阻挡法是指当对手的拳攻来时，自己迅速用相应的拳进行阻挡，阻止其继续进攻，使其进攻落空（图2－28）。

图2－28

技术要点：在使用阻挡法时，与对手拳头接触的一瞬间，要憋气鼓劲，自己与对手来拳接触部位的肌肉要保持一定的紧张度，以增强抵抗力。

【战例分析】

1. 阻挡左摆拳或左平勾拳击头

当对手用左摆拳击打头部右侧时，应将上体略后让，向左转，同时用右肩臂阻挡对方来拳。同时用左直拳反击对手的头部（图2－29）。

图2－29

2. 阻挡左上勾拳击打下颌

当对手用左上勾拳击打下颌时，应将腰稍向左转，用右肘部阻挡，同时可用左勾拳反击对手的头部（图2－30）。

3. 阻挡右直拳击腹

当对手用右直拳击打腹部时，应将身体略向右转，同时屈左肘臂，用左臂阻挡对手的右直拳，同时用右直拳反击对手的头部（图2－31）。

图2－30

图2－31

三、格　挡

技术要点：格挡是用拳或前臂格架对方来拳，使它改变方向。格挡便于还击。从而取得有利的位置去击打对手。使用格挡法需要有准确的判断和敏捷的动作，在对手的拳击中自己身体之前，把它格开，使其改变方向。格挡法使用得当，可给自己创造有利的进攻位置和机会；用格挡对付勾拳和摆拳效果较好。

【战例分析】

1. 格挡左平勾拳

当对手用左平勾拳击打头部时，应立即用右臂稍前伸并抬高来格挡对手的平勾拳；同时用左直拳击打对方头部（图 2－32）。

2. 格挡右平勾拳

当对手用右平勾拳击打头部时，应立即用左前臂稍提高来格挡对手的右手勾拳；同时用右摆拳反击对手的头部（图 2－33）。

图 2－32

图 2-33

四、闪　躲

技术要点：闪躲防守是用身体的闪躲使头离开击打路线。在实战中，闪躲被认为是一种最实用的防守方法，闪躲法专门用于防守对手攻击头部，对直拳的防守要向两侧面闪躲，对摆拳和上勾拳可做向后移动步。在闪躲中防守者可以空出两手以便进行反击。闪躲技术要求能准确地判断时间。如果运动员掌握了良好的闪躲技术，就会使对手的来拳不断失误和击空，使之失去平衡，对其暴露的部位可趁机给予击打。在闪躲的同时可以迎击来拳。闪躲动作不要过大，要敏捷短促。闪躲法主要是采用向左右侧方向闪躲直拳，一般是向右闪躲左直拳，向左闪躲右直拳；向后闪躲对方的摆拳和平勾拳（图 2-34）。

图 2-34

【战例分析】

1. 闪躲直拳

两人均右架站立，对手用右直拳进攻时，应两腿稍屈膝，身体重心落在前脚，上体稍前倾，闪躲防守对手的右直拳，使对手的直拳从自己的右肩上滑过去，同时可用左上勾拳反击对手的腹部（图 2－35）。

2. 闪躲摆拳

两人均右架站立，对手用左摆拳进攻时，应迅速右手格挡，用前手左直拳迎击对手头部（图 2－36）。

图 2－35

图 2－36

3. 后闪躲前拳

两人均右架站立，当对手用前手直拳进攻时，应将身体重心移动到后足并微屈膝，上体后让躲过前手直拳，用右直拳反击对手的头部（图2－37）。

图2－37

五、潜　避

技术要点：潜避技术是对摆拳击头的一种主要防守方法，这一防守是在身体重心下降的同时快速完成缩身下潜动作。在潜避中运动员用头和上体画出一个半圆的连贯动作，微屈腿的同时向对手出拳方向下潜，然后直起身。在做这个动作过程中，要始终注视着对手，动作要快而有力。这一防守动作是由整个身体和腰部动作来完成，要保持稳定的姿势，以利恢复实战预备姿势和进行还击（图2－38）。

【战例分析】

1. 从左向右摇避左摆拳

动作：当对方用左摆拳打头部时，迅速下蹲。同时头部和上体微向前倾，利用腰、腹力量将头部从左向右闪，从对方左臂下闪过（图2－39）。

要领：潜避动作幅度不可太大，也不宜蹲得太低；摇闪时两眼仍要注视对方，以便还击和进一步防守。

2. 从右向左摇避右摆拳

与左摆拳防守相同，方向相反（图2－40）。

图 2 －38

图 2 －39

图 2 －40

六、退　让

退让法是用来对付猛冲猛打对手的一种防御技术。

技术要点：退让主要有两种形式：一种是后仰，即后腿弯曲，重心后移，以利于迅速反击对手；另一种是通过步法的移动避开对手的攻击。使用退让法目的不是为了逃跑，而是为了挫败对手突然的猛烈攻击，避其锋芒，在退让中找对方的空当进行反击。但退让时不可连续直线后退，可转向对手侧面，变被动为主动（图 2－41）。

【战例分析】

1. 报仰防守直拳击头

两人均右架站立，对手用左直拳进攻，立即后仰躲避对手进攻，伺机右直拳反击（图 2－42）。

图 2－41

图 2－42

2. 退让摆拳击面

两人均右架站立，当对手用左架摆拳进攻时，应使用后撤步的方法向后退一步，伺机右摆拳反击（图 2－43）。

图 2－43

七、阻　挠

技术要点：阻挠是自己主动出拳干扰对手实现或迷惑对手。使用阻挠法的目的是不让对手有最佳出拳时机，设法对手防御上出现漏洞，从而为自己攻击创造条件（图2－44）。

图2－44

【战例分析】

阻挠加后手直拳进攻。两人均右架站立，应当主动出拳干扰对手视线或迷惑对手，用右直拳重拳进攻对手头部（图2－45）。

图2－45

八、掩　护

技术要点：运用掩护法时，应低头、含胸、收腹、将头藏于两拳臂中间，借双臂进行掩护，并从两拳臂缝中监视对手伺机还击。使用此法，只有处在极度疲劳或被对手击中一时无力反击的情况下可使用。当然，如果有意识地用掩护法作为战术使用，又另当别论（图 2－46）。

【战例分析】

1. 上体右侧转，右拳掩护右下颌，左肩耸起，下颌藏于左肩下，左拳掩护胸部（图 2－47）。

图 2－46

图 2－47

2. 右臂提起掩护下颌，左拳掩护胸腹（图 2－48）。
3. 两臂屈肘收臂紧护腹部，下颌藏于两拳之间，两眼注视对手（图 2－49）。

图2－48

图2－49

第四节　拳击的组合技术

拳击的组合技术就是将进攻和防守反击技术有效地组合起来。在拳击比赛中，有时单单靠一拳击倒对手获胜的可能性不是太大。运动员常常是通过针对对手的薄弱环节有效地组合各种技术，包括假动作、真动作、试探性的出拳、全力击打等，达到战胜对手的目的。因此，优秀的拳击运动员都掌握一种或多种组合技术。而且组合技术也不是一成不变的，是根据比赛场上的变化而变化。在本节中主要学习各种组合技术，在拳击比赛中，就同一个动作来说，既可以用来进攻，又可以用来防守，这就要求运动员不能死搬硬套，而要根据实际情况灵活运用。

组合技术就是根据比赛中攻防情况的变化，将两个以上的动作组合在一起的连接技术。由于拳击比赛的日趋激烈，运动员的技术水平越来越接近，可能运动员在进攻的同时就要防守，或是在防守的同时就要反击。使用单个的技术，往往会被有经验的选手化解或反击。为了战胜对手，就必须在熟练掌握单个基本技术的基础上，掌握一些组合技术，使对手在短时间内很难适应。当然这些组合技术也不是一成不变的，运动员在比赛中要根据场上的具体情况，灵活多变地运用组合技术，使得对手摸不清自己技术动作的规律，借以达到出奇制胜的目的。

运动员在练习组合技术和比赛中要注意的问题如下。

1. 至少掌握两种绝招组合技术。一般来说，在比赛中能够得点的常常是自己的绝招组合技术，这要求运动员在训练中要使自己的绝招组合技术精益求精，并能够在比赛中熟练运用。

2. 在熟练掌握自己常用组合技术的同时，要基本掌握一两种相近的组合技术以防备在对手了解了自己的得点组合技术时，能够随机应变。

根据组合技术的性质可分为进攻组合和防守反击组合 2 种。

一、进攻组合

假动作：拳击是一种高智慧的运动，拳击运动员要学会假动作。打拳时，出拳速快、力度轻、动作标准，击打到跟前，不要打中对手，不仅是使用动作迷惑对手，而也是用另一只手快速跟上有力出拳打击对手。虚实结合，声东击西，让自己有一个良好的进攻时机，增强个人战术能力，获得比赛胜利。

（一）以直拳为主的假动作进攻组合

1. 前手直拳假动作击打头部 + 后手直拳击打头部（图 2 – 50）。

图 2 – 50

2. 前手直拳假动作击打头部＋后手摆拳击打头部（图 2－51）。

图 2－51

3. 前手直拳假动作击打头部＋后手上勾拳击打腹部（图 2－52）。

图 2－52

4. 前手直拳假动作击打头部＋后手上勾拳击打下颌（图2－53）。

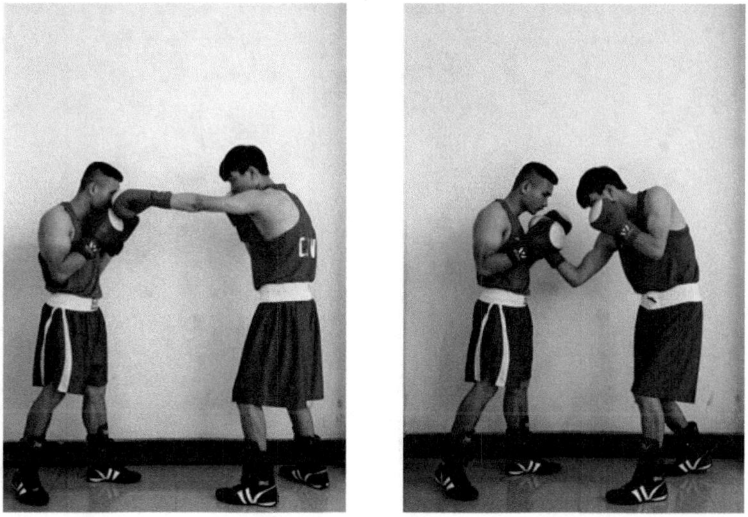

图2－53

5. 前手直拳假动作击打头部＋后手直拳击打腹部（图2－54）。

图2－54

6. 后手直拳假动作击打头部 + 前手直拳击打头部（图 2 – 55）。

图 2 – 55

7. 后手直拳假动作击打头部 + 前手摆拳击打头部（图 2 – 56）。

图 2 – 56

8. 后手直拳假动作击打头部＋前手上勾拳击打下颌部（图 2－57）。

图 2－57

9. 后手直拳假动作击打头部＋前手上勾拳击打腹部（图 2－58）。

图 2－58

10. 前手直拳假动作击打腹部 + 后手直拳击打头部（图 2 －59）。

图 2 －59

11. 前手直拳假动作击打腹部 + 后手摆拳击打头部（图 2 －60）。

图 2 －60

（二）以摆拳为主的假动作进攻组合

12. 前手摆拳假动作击打头部 + 后手直拳击打头部（图 2 – 61）。

图 2 –61

13. 前手摆拳假动作击打头部 + 后手摆拳击打头部（图 2 – 62）。

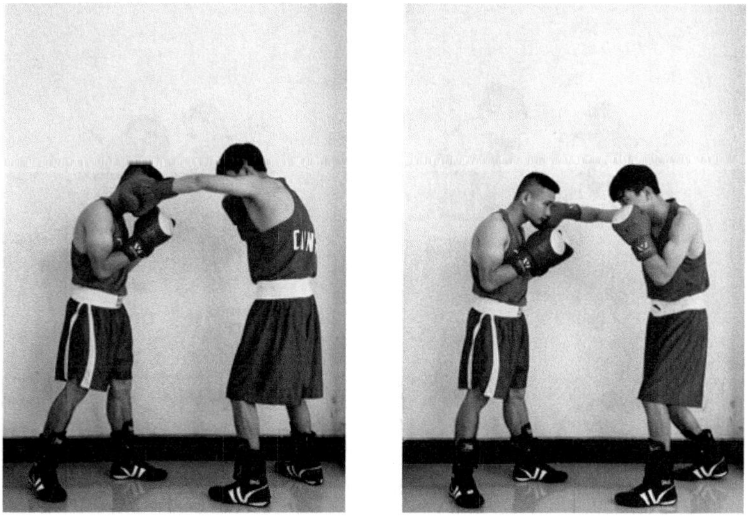

图 2 –62

14. 前手摆拳假动作击打头部＋后手上勾拳击打下颌部（图2－63）。

图2－63

15. 前手摆拳假动作击打头部＋后手上勾拳击打腹部（图2－64）。

图2－64

16. 后手摆拳假动作击打头部 + 前手直拳击打头部（图 2 – 65）。

图 2 – 65

17. 后手摆拳假动作击打头部 + 前手摆拳击打头部（图 2 – 66）。

图 2 – 66

18. 后手摆拳假动作击打头部 + 前手上勾拳击打下颌部（图 2 – 67）。

图 2 –67

19. 后手摆拳假动作击打头部 + 前手上勾拳击打腹部（图 2 – 68）。

图 2 –68

（三）以勾拳为主的进攻组合

20. 前手平勾拳击打头部 + 后手直拳击打头部（图 2 – 69）。

图 2 – 69

21. 前手平勾拳击打头部 + 后手摆拳击打头部（图 2 – 70）。

图 2 – 70

22. 前手平勾拳击打头部 + 后手上勾拳击打下颌部（图 2 – 71）。

图 2 –71

23. 前手平勾拳击打头部 + 后手上勾拳击打腹部（图 2 – 72）。

图 2 –72

24. 后手平勾拳击打头部 + 前手平勾拳击打头部（图 2 – 73）。

图 2 –73

25. 后手平勾拳击打头部 + 前手摆拳击打头部（图 2 – 74）。

图 2 –74

26. 后手平勾拳击打头部 + 前手上勾拳击打下颌部（图 2 –75）。

图 2 –75

27. 后手平勾拳击打头部 + 前手上勾拳击打腹部（图 2 –76）。

图 2 –76

28. 前手上勾拳击打腹部 + 后手直拳击打头部（图 2－77）。

图 2－77

29. 前手上勾拳击打腹部 + 后手摆拳击打头部（图 2－78）。

图 2－78

30. 前手上勾拳击打腹部 + 后手上勾拳击打下颌部（图 2 –79）。

图 2 –79

31. 前手上勾拳击打腹部 + 后手上勾拳击打腹部（图 2 –80）。

图 2 –80

32. 前手上勾拳击打腹部＋前手摆拳击打头部（图2－81）。

图2－81

33. 后手上勾拳击打腹部＋前手摆拳击打头部（图2－82）。

图2－82

34. 后手上勾拳击打腹部 + 前手上勾拳击打下颌部（图 2 - 83）。

图 2 - 83

35. 后手上勾拳击打腹部 + 前手上勾拳击打腹部（图 2 - 84）。

图 2 - 84

（四）连续进攻组合

36. 前手刺拳击打头部+后手直拳击打头部（图2－85）。

图2－85

37. 前手刺拳击打头部+后手直拳击打头部+前手直拳击打头部（图2－86）。

图2－86

38. 前手刺拳击打头部＋后手摆拳击打头部＋前手上勾拳击打腹部（图2－87）。

图2－87

39. 前手刺拳击打头部＋后手上勾拳击打腹部＋前手摆拳击打头部（图2－88）。

图2－88

40. 前手直拳击打头部 + 后手直拳击打头部 + 前手直拳击打腹部（图 2 – 89）。

图 2 – 89

41. 前手直拳击打头部 + 后手直拳击打头部 + 前手摆拳击打头部（图 2 – 90）。

图 2 – 90

42. 前手直拳击打头部 + 后手上勾拳击打下颌部 + 前手上勾拳击打下颌部（图2 －91）。

图2 －91

43. 前手直拳击打头部 + 前手摆拳击打头部 + 后手直拳击打头部（图2 －92）。

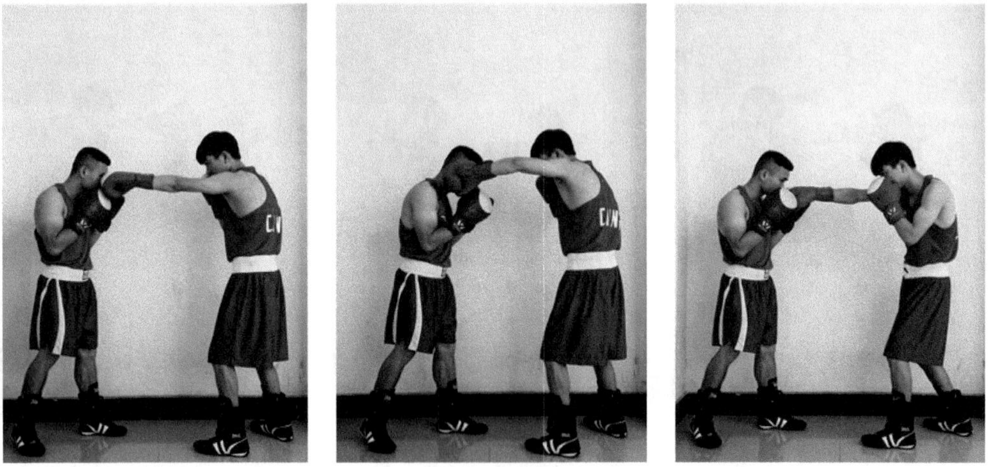

图2 －92

44. 前手直拳击打头部 + 后手摆拳击打头部 + 前手摆拳击打头部（图 2－93）。

图 2－93

45. 后手直拳击打头部 + 前手直拳击打头部 + 后手直拳击打头部（图 2－94）。

图 2－94

46. 后手直拳击打头部+前手直拳击打头部+后手摆拳击打头部（图2－95）。

图2－95

47. 后手直拳击打头部+前手直拳击打头部+后手上勾拳击打下颌部（图2－96）。

图2－96

48. 后手直拳击打头部 + 前手直拳击打头部 + 后手上勾拳击打腹部（图2 –97）。

图 2 –97

49. 后手直拳击打头部 + 前手摆拳击打头部 + 后手直拳击打头部（图 2 –98）。

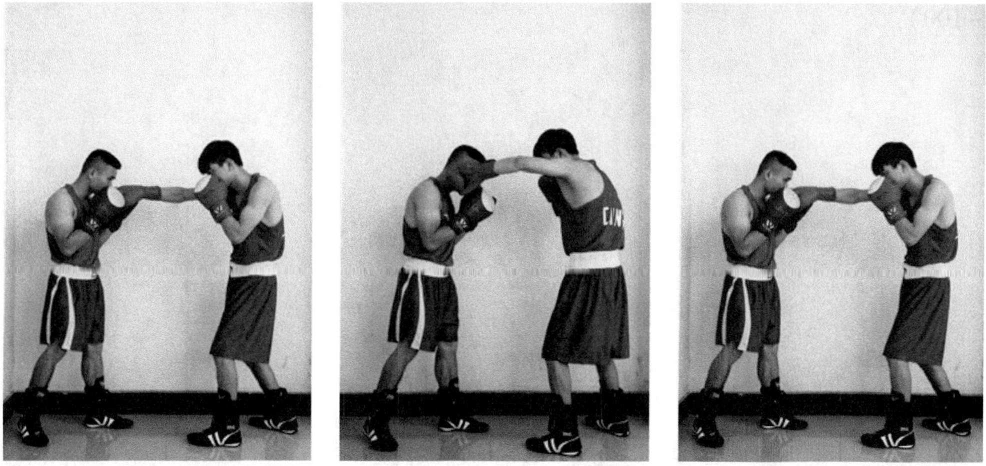

图 2 –98

50. 后手直拳击打头部 + 前手摆拳击打头部 + 后手摆拳击打头部（图 2 – 99）。

图 2 –99

51. 后手直拳击打头部 + 前手摆拳击打头部 + 后手上勾拳击打下颌部（图 2 – 100）。

图 2 –100

52. 后手直拳击打头部 + 前手摆拳击打头部 + 后手上勾拳击打腹部（图 2 – 101）。

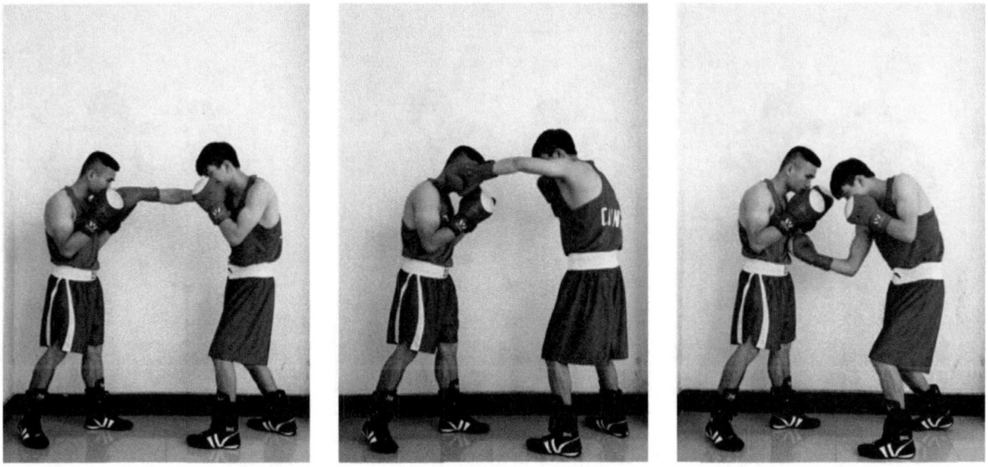

图 2 – 101

53. 前手摆拳击打头部 + 后手直拳击打头部 + 前手直拳击打头部（图 2 – 102）。

图 2 – 102

54. 前手摆拳击打头部 + 后手直拳击打头部 + 前手摆拳击打头部（图 2 – 103）。

图 2 –103

55. 前手摆拳击打头部 + 后手直拳击打头部 + 前手上勾拳击打下颌部（图 2 – 104）。

图 2 –104

56. 前手摆拳击打头部 + 后手直拳击打头部 + 前手上勾拳击打腹部（图 2 – 105）。

图 2 – 105

57. 前手摆拳击打头部 + 后手摆拳击打头部 + 前手摆拳击打头部（图 2 – 106）。

图 2 – 106

58. 前手摆拳击打头部 + 后手摆拳击打头部 + 前手上勾拳击打下颌部（图2－107）。

图2－107

59. 前手摆拳击打头部 + 后手摆拳击打头部 + 前手上勾拳击打腹部（图2－108）。

图2－108

60. 后手摆拳击打头部 + 前手直拳击打头部 + 后手直拳击打头部（图 2 – 109）。

图 2 –109

61. 后手摆拳击打头部 + 前手直拳击打头部 + 后手摆拳击打头部（图 2 – 110）。

图 2 –110

62. 后手摆拳击打头部 + 前手直拳击打头部 + 后手上勾拳击打下颌部（图2－111）。

图2－111

63. 后手摆拳击打头部 + 前手直拳击打头部 + 后手上勾拳击打腹部（图2－112）。

图2－112

64. 后手摆拳击打头部 + 前手摆拳击打头部 + 后手摆拳击打头部（图 2－113）。

图 2－113

65. 后手摆拳击打头部 + 前手摆拳击打头部 + 后手上勾拳击打下颌部（图 2－114）。

图 2－114

66. 后手摆拳击打头部 + 前手摆拳击打头部 + 后手上勾拳击打腹部（图 2 - 115）。

图 2 - 115

二、防守反击组合

（一）以拍击对方前后手直拳为主的防守反击组合

67. 拍击对方前手直拳 + 前手直拳击打头部 + 后手直拳击打头部（图 2 - 116）。

图 2 - 116

68. 拍击对方前手直拳 + 前手直拳击打头部 + 后手摆拳击打头部（图 2 –117）。

图 2 –117

69. 拍击对方前手直拳 + 前手直拳击打头部 + 后手上勾拳击打下颌部（图 2 –118）。

图 2 –118

70. 拍击对方前手直拳 + 前手直拳击打头部 + 后手上勾拳击打腹部（图 2－119）。

图 2－119

71. 拍击对方后手直拳 + 后手直拳击打头部 + 前手直拳击打头部（图 2－120）。

图 2－120

72. 拍击对方后手直拳 + 后手直拳击打头部 + 前手摆拳击打头部（图 2 – 121）。

图 2 – 121

73. 拍击对方后手直拳 + 后手直拳击打头部 + 前手上勾拳击打下颌部（图 2 – 122）。

图 2 – 122

74. 拍击对方后手直拳 + 后手直拳击打头部 + 前手上勾拳击打腹部（图 2 – 123）。

图 2 – 123

（二）以左右闪躲对方左右拳为主的防守反击组合

75. 向右闪躲对方左直拳 + 右手上勾拳击打腹部（图 2 – 124）。

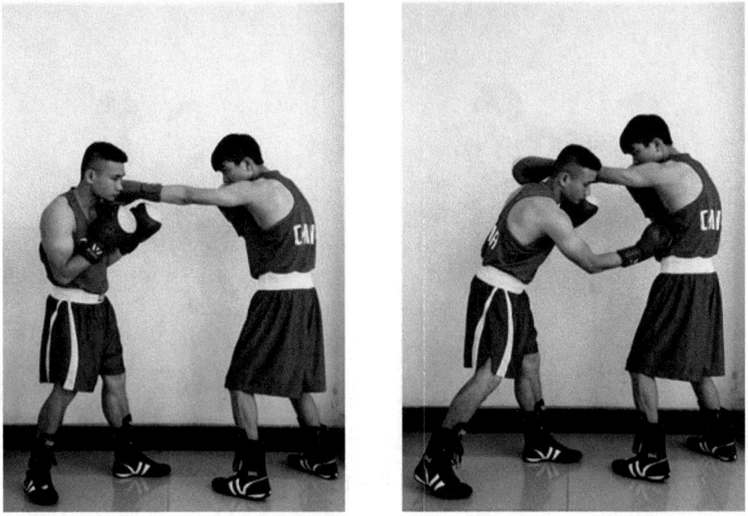

图 2 – 124

76. 向右闪躲对方左直拳 + 右手上勾拳击打腹部 + 左手直拳击打头部（图 2 – 125）。

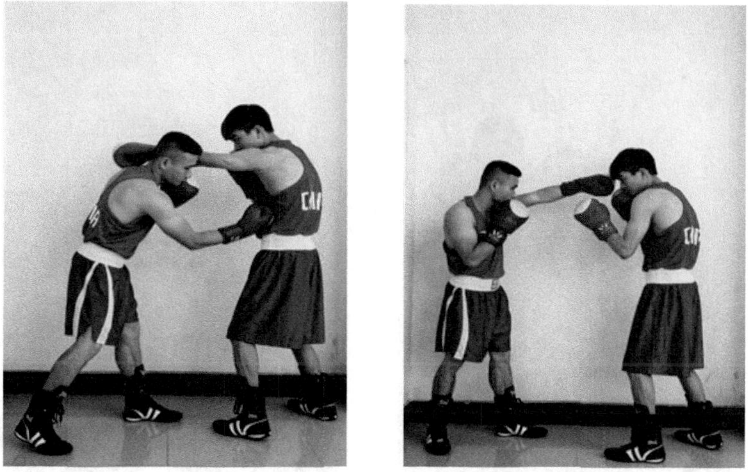

图 2 – 125

77. 向右闪躲对方左直拳 + 右手上勾拳击打腹部 + 左手摆拳击打头部（图 2 – 126）。

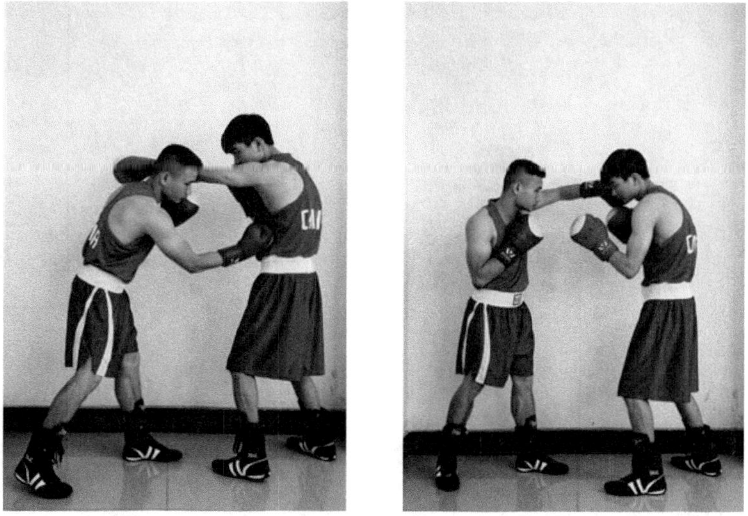

图 2 – 126

78. 向右闪躲对方左直拳 + 右手上勾拳击打腹部 + 左手上勾拳击打下颌部（图 2－127）。

图 2－127

79. 向右闪躲对方左直拳 + 右手上勾拳击打腹部 + 左手上勾拳击打腹部（图 2－128）。

图 2－128

80. 向左闪躲对方右直拳＋左手上勾拳击打腹部（图 2－129）。

图 2－129

81. 向左闪躲对方右直拳＋左手上勾拳击打腹部＋右手直拳击打头部（图 2－130）。

图 2－130

82. 向左闪躲对方右直拳 + 左手上勾拳击打腹部 + 右手摆拳击打头部（图2－131）。

图2－131

83. 向左闪躲对方右直拳 + 左手上勾拳击打腹部 + 右手上勾拳击打下颌部（图2－132）。

图2－132

84. 向左闪躲对方右直拳 + 左手上勾拳击打腹部 + 右手上勾拳击打腹部（图 2 – 133）。

图 2 – 133

（三）以格挡对方左右摆拳为主的防守反击

85. 格挡对方左摆拳 + 左直拳击打头部（图 2 – 134）。

图 2 – 134

86. 格挡对方左摆拳 + 左直拳击打头部 + 右手直拳击打头部（图 2 – 135）。

图 2 – 135

87. 格挡对方左摆拳 + 左直拳击打头部 + 右手摆拳击打头部（图 2 – 136）。

图 2 – 136

88. 格挡对方左摆拳 + 左直拳击打头部 + 右手上勾拳击打下颌部（图 2 – 137）。

图 2 – 137

89. 格挡对方左摆拳 + 左直拳击打头部 + 右手上勾拳击打腹部（图 2 – 138）。

图 2 – 138

90. 格挡对方右摆拳+右直拳击打头部（图 2－139）。

图 2－139

91. 格挡对方右摆拳+右直拳击打头部+左手直拳击打头部（图 2－140）。

图 2－140

92. 格挡对方右摆拳 + 右直拳击打头部 + 左手摆拳击打头部（图 2 – 141）。

图 2 –141

93. 格挡对方右摆拳 + 右直拳击打头部 + 左手上勾拳击打下颌部（图 2 – 142）。

图 2 –142

94. 格挡对方右摆拳＋右直拳击打头部＋左手上勾拳击打腹部（图 2－143）。

图 2－143

（四）以摇避躲开对方左右手摆拳为主的防守反击组合

95. 摇避躲开对方左手摆拳＋右手摆拳击打头部（图 2－144）。

图 2－144

96. 摇避躲开对方左手摆拳 + 右手摆拳击打头部 + 左手直拳击打头部（图2－145）。

图2－145

97. 摇避躲开对方左手摆拳 + 右手摆拳击打头部 + 左手摆拳击打头部（图2－146）。

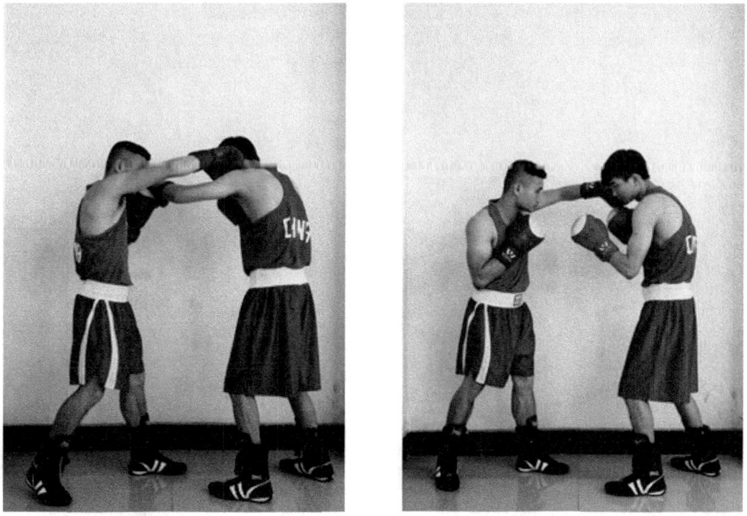

图2－146

98. 摇避躲开对方左手摆拳 + 右手摆拳击打头部 + 左手上勾拳击打下颌部（图2－147）。

图2－147

99. 摇避躲开对方左手摆拳 + 右手摆拳击打头部 + 左手上勾拳击打腹部（图2－148）。

图2－148

（五）以肩部防守对方左直拳为主的防守反击

100. 肩部防守对方左直拳 + 右手直拳击打头部（图 2 – 149）。

图 2 – 149

101. 肩部防守对方左直拳 + 右手摆拳击打头部（图 2 – 150）。

图 2 – 150

102. 肩部防守对方左直拳＋右手上勾拳击打下颌部（图 2－151）。

图 2－151

103. 肩部防守对方左直拳＋右手上勾拳击打腹部（图 2－152）。

图 2－152

104. 肩部防守对方左直拳 + 右手直拳击打腹部（图 2 – 153）。

图 2 – 153

（六）以后闪躲开对方左右直拳为主的防守反击

105. 后闪躲开对方左手直拳 + 左手直拳击打头部（图 2 – 154）。

图 2 – 154

106. 后闪躲开对方左手直拳 + 左手摆拳击打头部（图 2 - 155）。

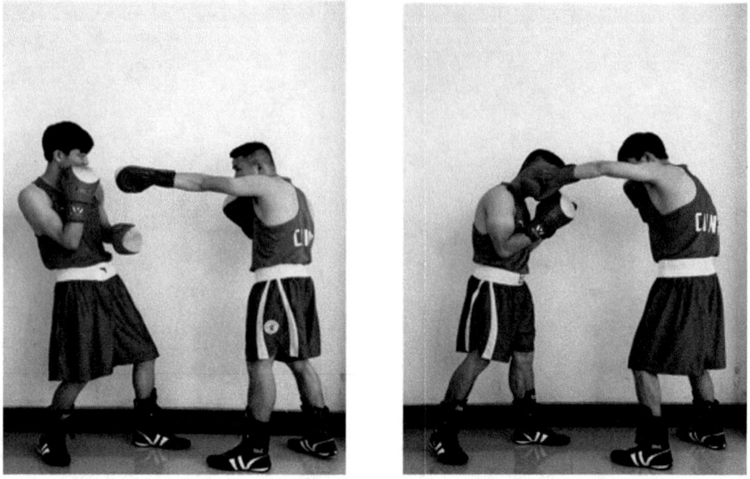

图 2 - 155

107. 后闪躲开对方左手直拳 + 右手直拳击打头部（图 2 - 156）。

图 2 - 156

108. 后闪躲开对方左手直拳 + 右手摆拳击打头部（图 2 - 157）。

图 2 - 157

思考与练习

1. 在使用前手直拳进攻对手时，自己如何防守？
2. 简述拳击步法对防守的重要性。
3. 在拳击比赛中如何进攻？
4. 在拳击比赛中如何使用重拳？
5. 简述拳击组合拳的重要性。
6. 在比赛中如何使用假动作欺骗对手？
7. 拳击基本技术如何练习？
8. 防守对手后手重拳重要吗？应如何防守？
9. 请举例 3 个以上自己常用的拳击组合拳。
10. 拳击步法有哪些？并说明每个步法移动的重点。

第三章　拳击战术

第一节　概　述

拳击运动是以准确击打到对手有效部位获得点数或击倒对手为目的，绝大多数是按得点数多少来判定胜负的竞技对抗性项目。从运动训练学的角度而言，拳击运动属技能类同场个人对抗性项目，运动员的比赛成绩与运动素质不如体能类项目关系密切，其主要原因是这类项目的技战术复杂多变以及在比赛中的灵活运用，人们很难根据运动素质对运动员的比赛成绩进行预测。拳击运动员比赛结果的胜负取决于双方的技术、战术、心理、身体素质等因素，这四者是紧密联系并相互渗透。现代拳击比赛日益紧张激烈，双方在技术、身体素质和心理素质相当，势均力敌的情况下，能否正确运用战术消耗对手实力，提高技术击打有效性往往是决定比赛胜负的关键。同时战术运用水平的高低是拳击运动员综合能力的表现，反过来又会促进运动员的心理素质、战术和技术水平的进一步提高。从项群理论的角度而言，拳击运动的项群属性决定了拳击战术在竞赛中的重要地位。

现代拳击运动竞争越来越激烈，对手之间的实力差距逐渐缩小，导致战术的形式和运用不断创新，体现出简单化、技艺化、实用化和智谋化趋势。这种情况下，“快、全、连、变、准、力、控”更富生命力，技战术水平进入到快速发展阶段。

全面的拳击技术是现代拳击运动战术实施的基础和保障，而技术的提高则依赖于战术的合理和巧妙。拳击战术是推动拳击运动发展的动力之一，研究现代拳击运动战术特征，树立现代拳击战术观，把握住现代拳击运动的特征及制胜规律，对拳击训练比赛的战略指导思想起着至关重要的作用。

一、现代拳击运动战术的概念

战术是运动员（队）在比赛中为表现高超的竞技水平或战胜对手而采取的计谋

或行动。拳击战术是拳击运动员在比赛过程中以取胜为目的，赛前或赛中针对对手打法特征而制定的克敌利己的参赛计谋合理地及时运用各种技术的原则和方法，是运动员竞技能力整体水平的重要构成部分。拳击比赛的获胜者能够依据战术指导思想、在战术意识和战术行动的支配下，以拳击技术为基础和比赛手段，在比赛过程中保障了技能、体能、智能和心理素质得到充分有策略的发挥与提高来战胜对手。

二、现代拳击战术设计的原则

随着拳击运动的快速发展，比赛中拳击运动员的技术水平和专项能力日趋接近，比赛场上竞争激烈，胜负差距微乎其微，单凭运动员的技术能力战胜对手获胜的比赛逐渐减少，反而在比赛中能合理运用有效的战术，更好地把技术水平充分发挥运用出来对取得比赛的胜利起着至关重要的作用。

（一）灵活多变的原则

两强相遇智者胜。拳击比赛是运动员的技能、体能、心理和智慧的较量过程，它既需要灵活的头脑，又要有精湛的拳法；既要考虑到比赛胜负趋势，又要考虑到不同目的、形式和打法风格不同运动员的战术变化。一旦固定的战术和习惯动作被对手抓到规律，往往使自己陷入被动挨打的局面。由于拳击比赛场上战局变化快，赛前战术内容设计上必须丰富，保障临场比赛运动员随时根据变化选择一套最具针对性的战术方案，最大限度地体现出战术形式之间的衔接关系和赛前设计战术计划的多样性、合理性和灵活性的原则。

（二）战术创新的原则

魔高一尺，道高一丈。现代拳击运动发展到今天已有百年历史，技术的发展同时伴随着战术理论与实践的进步，技术是战术的实施基础，战术是靠技术的发挥来完成的。历届奥运会拳击比赛关键场次的胜负结果平局时的打破，无不与出乎众人意想不到的战术实施直接有关，给对手一时束手无措，等反应过来的时刻比赛已经结束。这充分体现了赛前战术设计的周密性和大胆创新意识，层出不穷的战术设计是拳击运动技术发展的动力，完全符合当今拳击战术发展的需要。

（三）战术熟练的原则

“熟能生巧”，这是我国古代人从生活实践中总结出的关于量变与质变辩证关系的经典。借鉴到拳击战术设计和比赛运用上，可以引申这样一个道理：关键的时候必须是用拿手的技术，也就是所说的“杀手锏”。不难想象，如果一场比赛到了最关键的时刻，运动员瞬间的战术指导思想或反应一定是使用自己最熟练、最顺手、能得点的和胜算概率高的战术，因为只有自己熟练掌握的、具有战术训练基础的和适合自己特点的战术，才能达到有效的使用目的。拳击比赛中技术水平与战术水平是密切相关的，战术水平取决于技术水平。因此，在设计比赛战术时一定要把熟练的技术组合在一起，形成一定优势组合，才能更好发挥自己最好的技战术水平。

（四）遵循“知己知彼”的原则

《孙子·谋攻》的“知己知彼，百战不殆”是军事家制订作战计划的先决条件，要想战胜敌人，就必须彻底认识自己的实力，详细掌握敌人的现实情况，才能做到百战百胜。

遵循“知己知彼”的原则是拳击战术设计的基本原则，主要是分析自身队员的情况和研究对手详细信息及相关的问题。一是在充分了解自身的优、劣势所在的基础上才能量体裁衣为自己打造针对对手打法特征的战术计划，达到“制人而不制于人”的目的；二是认真、全面分析研究通过各种渠道获得对手最广泛的信息，剖析对手的长处和短处，制定的战术才会具有针对性和实用性。一旦各个方面力量得到运筹帷幄，对比分析、论证后，战术设计的框架就完成了，在比赛中达到克敌制胜的目的。

第二节　拳击战术的内容

现代拳击战术的制定是根据不同的对手和比赛的不同阶段适时而制定的，把赢得比赛的整场、每回合、回合休息间等情况下所应实现的方案和要求综合起来，再以具体的程序实施战术方案的过程。现代拳击战术由战术指导思想、战术意识、战术观念、战术知识、战术行动和战术形式 6 个要素构成。

一、战术指导思想

拳击战术指导思想是指在综合评价自我与对手打法特征及比赛环境等主客观因素后提出的战术运用的准则。简单地说是头脑中占有压倒优势的想法，运动员将依照此想法进行比赛。拳击指导思想是拳击战术活动的核心内容。拳击指导思想的合理与否，直接影响运动员在比赛中技战术水平的发挥，合理的战术指导思想能帮助运动员获得清晰的比赛思路，实施有效的技战术行动，为赢得比赛提供战略战术的指导。

针对每次比赛中遇到的各种不同打法类型运动员要及时总结经验教训，把现象上升到理论高度加以认识，从而更好地指导比赛，弥补自己不足之处，对拳击战略战术的指导有着极为重要的意义。

二、战术意识

拳击战术意识是运动员在拳击比赛中对战术运用规律性的认识，是达到战术目的而决定战术行为的思维活动过程，是运动员技术和战术水平的综合体现。

拳击战术意识是运动员在拳击比赛的灵魂。拳击战术意识在实践中包含两层含义：一是在拳击比赛中运动员正确运用战术方法的意识，意识支配行动，行动反应意识，意识具有定向、抉择、反馈、支配等作用；二是在拳击训练中有意带着战术意识进行模拟针对性训练，可以培养提高运动员的战术思维能力和增加战术运用经验的积累。因此，拳击战术意识是在平时训练和比赛中逐渐积累与丰富起来的，不仅支配技术和战术的正确运用，而且也直接影响战术行动的效果。所以说，具有良好拳击战术意识的运动员不仅能在比赛中自觉地、能动地指导自己根据双方运动员的具体情况和按战术意图进行对抗，而且能在复杂的竞赛环境中，及时、准确地观察与判断对手的表现，随机应变，化弊为利，善于捕捉战机。战术意识越强，实现战术的可能性越大。

三、战术观念

拳击战术观念是指拳击教练员和运动员对战术概念的理解程度、战术运用效果的价值、战术内容的针对性、战术意识的奥妙性及战术实施过程中的保障条件等进行认知和思考后产生的理解。拳击战术观念的形成直接与教练员、运动员及科研人员对拳击项目特征及制胜规律的认知程度、参赛经验、战术知识、思维方式及对拳击酷爱程度等有密切关联。优秀的拳击教练员、运动员的战术观念对其客观、准确分析对手技战术特征，合理制订与实施战术计划和战术内容等一切战术活动有着重要的导向意义。拳击战术观念是战术活动的主观因素，观念的先进与落后直接影响着一切战术活动的成功与否。

四、拳击战术知识

从广义上讲，拳击战术知识是指在拳击训练、比赛中教练员和运动员可获得经验积累的总和。从狭义上讲，是关于拳击战术概念、组成部分、分类、实施效果、运用原则、竞赛规则以及影响战术的因素等相关的理论知识和在比赛中战术运用知识的总和，有实践性和理论性两种知识。

拳击战术知识是掌握和运用具体战术的基础。教练员、运动员制定的战术方案是否合理，运用得是否灵活、机智和有效，往往取决于他们掌握战术知识的广度和深度。

五、拳击战术行动

拳击战术行动是指在竞赛规则允许情况下，为达到预定战术目的而采用的进攻技术、防守技术和反击技术的组合，是实现拳击战术的外显方式。

六、拳击战术形式

拳击战术形式是指在拳击比赛中为了完成战术意图而由具有相对稳定的形态和结构的各种动作组成的具体方法。围绕着拳击比赛可以制定很多的战术形式，如拳击战术中的紧逼战术、佯攻战术、抢点战术等形式。

第三节　现代拳击战术及运用特征

根据拳击竞赛的特征，比赛当中运动员的战术运用水平和方法与不同的对手和比赛的不同阶段格局密切相关。应对同一对手不同时间段的比赛战术所涉及领域及形式也不尽相同，因此呈现多种表现形式。但基本的战术形式，有其稳定性和固定的内容。拳击战术依据攻防性质可分为：进攻战术、防守战术、反击战术和相持战术（表3－1）。

表 3－1 拳击战术组成

拳击战术	进攻战术
	防守战术
	反击战术
	相持战术

一、现代拳击进攻战术及运用特征

拳击进攻战术是拳击战术体系之一。进攻战术建立在进攻技术的基础上，其目的是在拳击比赛过程中千方百计利用自己进攻技术的特长突破对手的防守，击打到对手，斗智斗勇，以便在攻防对抗中占据主动地位获得更多的得点拳，赢得比赛的胜利，而组织进攻的意图和策略自然就构成了进攻战术的主题。它由假动作战术、紧逼战术、强攻战术、边角战术、直攻战术、打调结合战术和先攻后防战术等组成（表 3－2）。

表 3－2 拳击进攻战术组成

进攻战术	假动作战术
	紧逼战术
	强攻战术
	边角战术
	直攻战术
	打调结合战术
	先攻后防战术

（一）假动作战术概念及运用特征

拳击假动作战术是指运动员在比赛过程中，借用各种假象动作来掩盖自己真实动作的意图，迷惑对手，造成对手视觉和思维上的判断错误，以便获得更多的时间、空间位置的优势，达到以假乱真的目的。假动作作为战术内容几乎贯穿了所有进攻、防守和反击技术当中，是拳击进攻战术中重要的一个组成部分。其主要特征有以下 3 个方面。

1. 拳击比赛中假动作战术运用频率之高是其他相关战术不能比拟的，因为，假动作战术融入了几乎所有的拳击技术动作及战术配合。

2. 拳击比赛中假动作战术的运用针对性强，因人而异，依场上变化而变化。

3. 拳击比赛中真假难辨，动作中假中有真，真中有假，一切假象的最终目的起到了遮掩真实动作的意图。

（二）紧逼战术概念及运用特征

拳击紧逼战术是指运动员在比赛过程中，充分利用步法移动、身体闪躲技术或连续的组合拳进攻，最大限度地发挥自己进攻速度快、击打力量大和动作连贯的优势，迫使对手处于被动防守状态之中，造成心理上的压力，从而实现更剧烈的进攻，达到最终击垮对手的目的。这包括运用进攻拳法的紧逼和步子移动形式上的紧逼两种情况。其主要特征有以下 3 个方面。

1. 拳击比赛中紧逼战术的运用效果突出表现为强劲的攻击性。在步法上移动、身体各种姿势的闪躲逼近对手的情况下，运用快速、连贯、猛烈地进攻拳法攻击对手，往往使得对手只有防守而失去了反击的能力，达到控制对手占据主动的目的。

2. 从拳击比赛中紧逼战术实施的表面看，给对手的进攻和防守制造了巨大压力；从紧逼战术实施的内部来看，使得对手的心理失去了信心，具有很强大的压迫性。

3. 拳击比赛中紧逼战术的实施打乱了对手的进攻节奏、意图，具有很强的破坏性。

（三）强攻战术概念及运用特征

强攻战术是指拳击比赛中运动员硬性针对对手的进攻或防守发起的进攻战术。其主要特征有以下 4 个方面。

1. 拳击强攻战术运用过程中采用放弃防守、硬性进攻的原则，有“放长线钓大鱼”之意。

2. 进攻强劲有力，给对手以重拳的威慑力。

3. 以我长克敌短，在技术、比赛经验不如对手而自己的力量、速度素质优于对手时采用强攻战术行之有效。

4. 过硬的心理素质是强攻战术实施的基础。

（四）边角战术概念及运用特征

拳击边角战术是指比赛过程中利用灵活的移动技术首先把对手围攻到拳台围绳边或拳击台 4 个角落的位置，然后再实施有针对性的进攻技术。其主要特征有以下

2 个方面。

1. 进攻区域明确，一拳台围绳边、4 个角落作为进攻对手的最佳位置。

2. 在拳台围绳边、4 个角落时进攻节奏加快，进攻次数明显增多。

（五）直攻战术概念及运用特征

拳击直攻战术是指运动员在未使用假动作技术的情况下，直接采用的进攻战术。其主要特征有以下 2 个方面。

1. 确定自己的技术和专项素质远超于对手时，毫无顾忌地直接进攻对手。

2. 在抓住对手防守动作出现破绽时，大胆地直接进攻。

（六）打调结合战术概念及运用特征

拳击打调结合战术是近几年我国拳击竞技运动发展过程中的产物，是指当时运动员在准确把握进攻机会时发起进攻，在对手准备反击前迅速摆脱，打法积极主动，是智慧型战术。其主要特征有以下 2 个方面。

1. 快进快退，不给对手相持进攻的机会。

2. 主动灵活，能够很好地把握进攻时机，较好地控制对手进攻节奏和距离。

（七）先攻后防战术概念及运用特征

先攻后防战术也称打攻防战术。在比赛中针对保守型打法，运动员采用的先入为主的打法，待对手欲反击或欲夺取战果时，则转而进入全面防守，拖延时间，保存已得优势。其主要特征有以下 2 个方面。

1. 果断进攻以先得点为目的，先下手为强，一旦点数领先快速转入遏制对方强攻的状态，把优势维持到比赛结束。

2. 以比赛取胜为目的，不追求比赛技战术发挥的完美性。

二、现代拳击防守战术组成及运用特征

防守战术是指在拳击比赛中为了更有效地阻挠、防御和防守对手进攻而组织实施的战术。拳击进攻战术和防守战术是对立又统一的一对矛盾，一种新的进攻战术的出现，必然引起大家的高度重视。在研究其本质的同时，相应的技术和防守战术也迎刃而解，“道高一尺，魔高一丈”，矛盾的激化程度与平缓直接导致了防守战术的发展与创新。拳击防守战术是拳击战术体系的重要组成部分，常用的战术有抱头防守战术、贴靠防守战术、距离防守战术、消极防守战术、保点防守战术和先防后

攻战术等（表3－3）。

表3－3　防守战术组成

防守战术	抱头防守战术
	贴靠防守战术
	距离防守战术
	消极防守战术
	保点防守战术
	先防后攻战术

（一）抱头防守战术概念及运用特征

抱头防守战术是拳击运动员两臂高抬至头的前上方，利用臂和微微收缩的躯干形成的框架，起到拳击防守的技术。顾名思义，拳击防守战术就是指运动员在比赛中利用抱头防守技术达到不失点效果的战术，这是新兴的防守战术体系中的成员之一。其主要特征如下。

1. 防守意识强，头部深深埋在两手臂之间，几乎不给对手暴露空当。

2. 守株待兔、以逸待劳。利用闪躲、手臂的格挡进行防守对手的进攻，选择时机打出反击拳，以防守为主，此类运动员的比赛场景很沉闷。

（二）贴靠防守战术概念及运用特征

贴靠防守战术是指拳击比赛中运动员利用身体主动贴靠对手，达到破坏对手进攻距离、节奏、妨碍技术动作的使用和拖延比赛时间的目的的防守战术。贴靠战术是智慧型运动员比赛中拖延时间，阻碍对手技战术正常发挥，多为进攻打法型运动员使用，进攻后马上贴靠，不给对手反抗机会，是很好利用规则的一种战术。其主要特征如下。

1. 进攻后主动用上体贴靠对手，两臂环抱住对手手臂，不给反击距离，充分利用规则，介于犯规与不犯规动作之间。

2. 在被动防守时主动贴靠对手，以便获得调整和破坏对手进攻节奏的目的。

（三）距离防守战术概念及运用特征

距离防守战术是指拳击运动员利用步子移动始终保持与对手一定的距离，用来防守对手突然起动进攻的战术，此类战术往往是步子移动灵活、距离感好的远距离打法型运动员采用。在战术合理的情况下防守效果明显：一是起到防守功效的同时，扼制了对手进攻；二是不给对手进攻距离，失去进攻取胜的信心和战术。这是防守体系中重要的战术之一。其主要特征如下。

1. 你进我退。对手进攻时，迅速移动到自己的攻防距离，避免与对手交手。

2. 能进能退。通过反复地与对手在距离上周旋后，更加利于反击机会的把握。

（四）消极防守战术概念及运用特征

消极防守战术是指拳击比赛中运动员为了摆脱突发情况、拖延比赛时间或失去比赛取胜信心后，故意表现出来的不进攻、不反抗的情况，达到让裁判员告诫或警告的目的的战术。此战术的运用局限性很大，灵活运用时同样会有很好的战术效果。其主要特征如下。

1. “醉翁之意不在酒”。针对不利自己的情况发生，及时利用规则来保护自己，反应意识强，头脑灵活。

2. “好汉不吃眼前亏”。一旦出现实力悬殊或受伤情况，避免不必要的打击，而在特定不允许的情况下的选择。

3. 择机使用，发生频率低。

（五）保点防守战术概念及运用特征

保点防守战术是指拳击比赛中当运动员点数领先于对手时，为了想把比赛战果保持到比赛结束而采用的保守防守打法的战术。其主要特征如下。

1. 进攻明显减弱，以距离防守和抱头防守为主要的防守手段，由进攻转变为防守。

2. 以拖延时间和阻挠对手进攻及节奏为目的，各种手段不断出现，如以佯攻欺骗对手等。

（六）先防后攻战术概念及运用特征

先防后攻战术也称为打防攻，是典型的欲擒故纵的战术打法，在比赛中避开对手强劲的进攻，先诱敌深入，待对手体力、技术、步法等都相应进入消退期时，突然发起反击的战术。其主要特征如下。

1. 形式上表现出积极应战的态势，实质上是以防守为目的，敌退我追，不给对手喘息机会。

2. 借用步子移动、身体的各种闪躲以及轻拳的不断佯攻，待对方体能消耗过多时迅速发起反击，是以智慧取胜的典型战术安排。

三、现代拳击反击战术组成及运用特征

拳击反击战术是指在拳击比赛中凭借反击速度快、准、意识强的特点来反击对手的进攻，打乱其进攻节奏而组织实施的战术。这是后发制人的一种战术形式，在对手先行动后，避其锋芒，再恰如其分地予以反击，以不变应万变，具有事半功倍的效果。

反击战术实施过程中以主动进攻为主，给对手以假象，来掩盖反击的战术意图。常用的拳击反击战术有反击单拳击头战术、反击单拳击腹战术、反击组合拳击头战术、反击组合拳击腹战术、反击组合拳击头击腹战术和直接反击战术等形式（表3－4）。

表3－4　反击战术组成

反击战术	反击单拳击头
	反击单拳击腹
	反击组合拳击头
	反击组合拳击腹
	反击组合拳击头击腹
	直接反击

（一）反击单拳击头战术概念及运用特征

反击单拳击头战术是拳击反击战术体系中的一个组成部分，是指在比赛中运动员首先防守好对手的进攻，然后在此基础上快速、准确、有针对性地以单拳技术反击对手头部的战术。反击拳法是根据对手进攻情况和自己使用的防守技术有针对性地选择任意单拳，如反击前手直拳、反击后手摆拳等。在运用该战术打法时，头部是反击目标。其主要特征如下。

1. 以直拳、摆拳、勾拳为主要进攻单拳，反击速度快，力量大，击打准确。

2. 具有较强的预判能力，防守技术与反击拳法高度协调，动作连贯，成功率高。

（二）反击单拳击腹战术概念及运用特征

反击单拳击腹战术是拳击反击战术体系中的一个组成部分，是指在比赛中运动员首先在做好防守的基础上，快速、准确、有针对性地以单拳技术反击对手腹部的战术。反击拳法是根据对手进攻情况和自己使用的防守技术有针对性地选择任意单

拳，如反击前手直拳、反击后手摆拳等。在运用该战术打法时，腹部是反击目标。其主要特征如下。

1. 反击单拳击腹战术运用过程中根据对手进攻情况而随时选择反击拳（直拳、摆拳和勾拳），腹部是反击击打目标，包括反击直拳击腹战术、反击摆拳击腹战术和反击勾拳击腹战术等战术形式。

2. 具有较强的预判能力，防守技术与反击拳法高度协调，动作连贯、反击速度快、力量大、击打准确。

（三）反击组合拳击头战术概念及运用特征

反击组合拳击头战术是拳击反击战术体系中的一个组成部分，是指在比赛中运动员首先在做好防守的基础上，快速、准确、有针对性地以组合技术反击对手头部的战术。反击组合拳击头战术中所使用的组合拳包括两拳组合、三拳组合及三拳以上组合拳技术。反击拳法的选择跟对手场上的表现和自己所使用的防守技术有关。如反击 1－2－3H、2－3－1H（Head 头）等，组合拳变化多端，是多种不固定的单拳组合形式，头部是固定的反击目标。其主要特征如下。

1. 在战术运用过程中反击运用的组合拳分为两拳组合、三拳组合和三拳以上组合形式。反击速度快，组合拳连贯，轻重拳击分明，反击头部准确。

2. 具有较强的预判能力和反击意识，大大地增加了对手的防守难度，提升了自己的反击成功率。

（四）反击组合拳击腹战术概念及运用特征

反击组合拳击腹战术是拳击反击战术体系中的一个组成部分，是指在比赛中运动员首先在做好防守的基础上，快速、准确、有针对性地以组合拳击头战术中所使用的组合拳包括两拳组合、三拳组合及三拳以上组合拳技术，反击拳法的选择跟对手场上的表现和自己所使用的防守技术有关，如反击 2－3B、2－3－1B（Belly 腹部）等，组合拳变化多端，是根据运动员的技术特征来组合起来的分为两拳组合、三拳组合及三拳以上多拳组合形式，腹部是组合拳反击的目标。其主要特征如下。

1. 在战术运用过程中反击速度快，组合拳连贯，轻重拳击分明，反击腹部准确。

2. 具有较强的预判能力和反击意识，大大地增加了对手的防守难度，达到提高反击成功率的目的。

（五）反击组合拳击头、击腹战术概念及运用特征

反击组合拳击头击腹战术是反击组合拳击头战术和反击组合拳击腹战术的综合

运用，虽然增加了反击拳的难度，但是上下结合，更能有效达到反击的目的。分为先反击头部再反击腹部和先反击腹部再反击头部两种战术形式。其主要特征如下。

1. 在运用战术过程中反击速度快，组合拳连贯，反击时身体起伏增大。在先反击击头时，击腹拳为主要得点拳，以重拳为主；同样的情况，若先以组合拳反击击腹，那么反击击头为主要得点拳，击腹拳一般为轻拳。

2. 反击目的明确，有轻有重，节奏明快，反击成功率增大。

（六）直接反击战术概念及运用特征

直接反击战术又称为迎击战术，是指运动员比赛中针对对手进攻的同时发动反击，得到阻止和破坏对手进攻节奏的战术打法。此类战术运用的运动员首先具备过硬的意志品质，敢于使用技术，对自己的实力充满自信心；二是具有超强的判断力和快速反应能力，在整个比赛的过程中时刻掌握战机，达到控制对手、按照自己的意识行事的目的。其主要特征表现如下。

1. 能够果断准确识破对手进攻意图，为直接反击提供了最佳时机。

2. 发觉对手进攻意图的瞬间做出直接反击的口令，以快速准确地反击代替了防守。

四、现代拳击相持战术组成及运用特征

拳击相持战术是拳击体系战术中一个重要组成部分，是指为了阻止对手强大的进攻或故意牵制对手达到拖延时间的意图而运用的战术。包括进攻中的对攻相持战术和防守中的僵持战术两种（图 3 －1）。两强相遇勇者胜，在对攻相持阶段最大限度地反映出运动员技能和心理意志品德对抗能力；在防守僵持阶段，积极利用拳法、步子移动和佯攻战术，达到拖延时间或进攻时机的目的，是斗智斗勇的过程，是智慧者的较量。

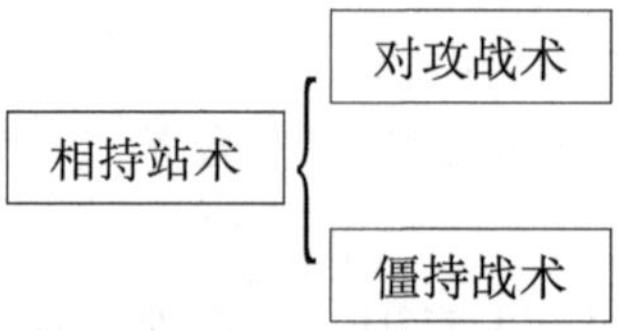

图 3 －1　相持战术组成

（一）对攻战术概念及运用特征

对攻战术是拳击相持战术中的一个重要战术之一，是指拳击比赛中，为了阻止

对手进攻的延续，积极应战，针锋相对和达到从心理和顽强的意志品德方面战胜对手的目的而采用的战术。对攻阶段的运动员以组合拳进攻为主、身体闪躲防守为辅的方式进行对抗，是运动员技能、体能、心理和智慧的较量施展过程。其运用特征如下。

1. 对抗中表现出进攻凶猛、速度快、力量大、节奏快等技能特点。

2. 对攻中表现出顽强的斗志，气势压倒对手，具有良好的抗击打能力和体能。

3. 采用此战术运动员的技术一般、比赛经验相对较少，是典型的取长补短打法。

（二）僵持战术概念及运用特征

僵持战术是拳击相持战术中的一个重要战术之一。主要包括两个方面的内容：一是采用移动和身体晃动有目的地不与对手交手，稳定自己的同时激怒对手，迫使其在冲动情况下盲目进攻，露出破绽；二是为了保存实力或战果，不主动与对手交手用来拖延比赛时间而采用的不对抗不进攻战术。从表面上来看双方运动员实力相当，都无法进攻对手，其实不然。其运用特征如下。

1. 通过移动始终与对手保持非击打距离，虽然从表面形式上表现为很强的进攻欲望，移动积极，各种试探性的佯攻不断出现，其实不然，待对手发起进攻时，以退为防。

2. 以移动防守为主，偶尔的反击也是出于防守需要。采用此战术的运动员技术全面，根据场上变化而变化，不给对手思索的空间。

第四节 拳击运动员实战战术的运用

拳击实战战术是拳击运动员根据对手的具体情况，在实战中有计划、有针对性、准确无误地判断，瓦解和攻破对手进攻和防守的方法以达到取胜的目的，以智取胜，以冷静的头脑和清晰的战术取胜。

一、针对组合拳型打法的战术运用特征

组合拳型打法也称作“拼打”型，属于体能型打法，是以较大的攻击优势压倒对手的打法。此类型运动员的打法特征为：进攻果断、积极主动，组合拳是主要的

进攻拳法，轻重分明，中距离猛烈攻击，具有一定的打击力度，并且进攻节奏较快；心理素质较好，自信心要强，敢拼敢打，力争快速将对手拿下，目的是在最短时间内获胜；每次进攻都是勇往直前，以进攻为主防守为辅；由于进攻猛烈，长时间耗能较大，不利于持续作战需求。此型运动员一般技术水平较为肤浅，往往采用直线进攻的方式。

针对此型运动员要从分析对手实际情况出发，随着场上运动员攻防效果的变化而变化，遵循避实击虚的战略方针。在运用战术时要注意以下几点。

1. 避免与此型运动员正面交手及纠缠，减少与其中距交手时间，保存自己体力，达到消耗对手体能的目的。避开对手强劲的进攻，多使用格挡和闪躲防守技术，待其进攻气势稍微降低时，随后借机反击，击打其要害。

2. 运用灵活的步子移动技术，采用左右推让的方法对其进行反击。

3. 运用打调结合的方法，增强自信心，给对手心理上制造不平衡的感觉，择机给对手反击。

4. 当对手运用组合拳猛攻时，可以采用直拳迎击后利用规则进攻贴靠对手，破坏其进攻，从而打乱其进攻节奏，达到保存自己实力的目的。

二、针对防守反击型打法的战术运用特征

防守反击型打法是后发制人的一种战术形式，是一种经验型的打法，待对手进攻后，避其锋芒，可以在对手出拳未收之时和出击后所形成的空隙予以反击，以沉稳兼取以逸待劳之功，是以不变应万变为基础。此型运动员的打法特征为：以试探性的进攻为主以反击为辅，给对手假象；冷静、谨慎，没有过多表现迅速取胜的愿望；优秀运动员可以准确无误地判断对手进攻意图，而后实施快速有针对性的反击，往往采用先闪躲后反击技术，是难度最大、技术最高明的战术。准确和快速是防守反击型打法运动员的基础。

针对此型打法运动员要从分析对手实际情况出发，具体情况具体分析，做到有的放矢。在运用战术时要遵循以下几点要求。

1. 以虚代实，避免失去重心，遭对手反击。多以试探性的前手拳进攻，诱其主动进攻，从中寻找破绽实施反击，提高反击成功率，打乱其战术行动计划，使其处于被动，从而赢得比赛的胜利。

2. 不主动出击，与对手保持远距离。遵循敌进我退的原则，采用打调结合的方

式，声东击西，避免让对手抓住自己进攻特点及规律，让其处于无用武之地。

3. 攻前攻后，基本防守姿势不变，把防守放在第一位，确保不失点，把胜利成果保持到比赛结束。

三、针对远距离型打法的战术运用特征

远距离型打法运动员是这几类当中比较平稳的一种，能够凭赛前制定的战略战术方针按部就班实施，因人施技、有的放矢，心态沉稳，不为外界左右，具有王者风范。此型运动员的打法特征为：善于从远距离发起进攻，以直拳和摆拳进攻，速度快、步法灵活，移动平稳不失重心，防守严密，不给对手破绽。其略显不足的是，多因体力不济而遗憾拳坛。

针对此型打法运动员要从分析自己和对手出发，具体情况具体分析，做到有的放矢，在运用战术时要遵循以下几点要求。

1. 从移动中寻找机会，不盲目进攻，不给对手固定的进攻位置。

2. 运用格挡和闪躲技术来化解对手远距离的进攻拳法，逐渐逼近对手，破坏其距离，为自己的反击提供最大的机会，使其受挫。

3. 对手后退时避免盲目追击，以防后退中的摆拳或直拳反击。

四、针对近距离型打法的战术运用特征

近距离型打法也称为紧逼式打法，通过运用灵活的步子和身体的闪躲围攻对手，逼近对手，破坏对手进攻距离和节奏来施展自己的得意之长。此型运动员的打法特征为：具有良好的闪躲防守技术，灵活的步子移动技术，善于靠近对手的情况下运用连续的勾、摆组合拳进攻对手，体能出众，具有很好的往返攻防转换能力。唯有逼近对手时，防守意识偶尔会出现疏忽，这是此型运动员痛失晋级下一轮的薄弱之处。

此型打法运动员要从分析自己和对手出发，具体情况具体分析，做到有的放矢。在运用战术时要遵循以下几点要求。

1. 运用直拳阻挠对方的逼近，采用游离战术，真真假假，上上下下，分散对手的注意力，不给接近的机会，失去他近战的优势。

2. 如果对手突破成功到了近距离时，采用抱头防守技术紧密做好防守，伺机进

行反击勾拳或摆拳加环绕步移动来摆脱对手的进攻，重新获得场上的控制权。

五、针对重拳型打法的战术运用特征

重拳型打法是典型的一锤定音和欲擒故纵的战术打法，先诱敌深入，甚至有意暴露给对手击中，给以假象，暗藏杀机，待对手从心理上疏忽和体能下降时，突发扭转态势，发起全面的进攻，往往使用自己的杀手锏（重拳）击打头部，气势凶猛。

此型打法运动员要从分析对手开始，具体情况具体而论，做到有的放矢，达到事半功倍的效果。在运用战术时必须遵循以下几点要求。

1. 用先入为主的战法，先下手为强。按自己赛前制订的战术方案，抓住进攻的先机，全面进攻对手，密切注意对手的后手。

2. 用先攻后防的战术控制对手。一旦点数领先对手，积极采用打调结合的战术打法，不给对手反扑反击的机会，看好对手的重拳。

3. 利用规则积极主动贴靠或关键时刻夹住对手手臂，根据具体情况交替使用一些犯规动作，维持比赛结束，达到战术运用的目的。

六、针对高个对手的战术运用特征

身高运动员腿长步幅大、手臂长、拳距长，其击打力量相对较大、重心高，自然形成了一个良好的防守体系。同样此类型运动员攻击面积较大，攻击距离远，给对手的进攻制造了一定的难度。针对以上高个运动员的特点，在运用战术就必须遵循以下几点要求。

1. 要不断地变换移动的节奏，不给对手固定的目标，借对手直拳进攻时，逼近对手进攻，攻击其腹部或上体。

2. 用阻挠的方法，阻止对手得到最佳的击打距离。当其进攻时就潜避向前推进，迫使对手失去平衡，抓住时机进行近距离的攻击。

3. 近距离攻击时，要快打快收，避免让对手择机进行反击。

七、针对矮个对手的战术运用特征

一般个矮拳击运动员的特征是体力较强，移动速度快、动作敏捷、击打有力，多采用近身短拳猛攻的战术。根据此类运动员的打法特征，在运用战术时要遵循以下几点要求。

1. 要充分利用自己身高臂长和居高临下的优势，利用刺拳击打或阻挠对手接近，并可以在远距离的情况下连续发起进攻得点，使得对手无机会近身，处于被动挨打或在外围寻找机会的境地。

2. 针对体力充沛、身体灵活、前冲而不怕击打的对手，要注意摆脱、闪躲，以防范对手利用前冲靠近自己，使自己处于合适的位置。一旦对手进攻落空，要抓住时机集中力量，以重拳压住对手取得优势。

八、针对左撇子对手的战术运用特征

拳击比赛中，一旦碰到左撇子运动员就会感觉到不习惯和别扭。左撇子和右式相对，双方一侧已被封死，而另一侧却暴露出较大的被击打面，自然后手成了最有价值的得点拳。根据这一特征，我们在运用战术时一定要遵循以下几点要求。

1. 据中距离位置，左手多伸出一点，在对手右拳内侧，用来阻止对手右拳和左拳的进攻，并果断地向对手右侧移动，避开对手的右手后手直拳的进攻，缩小了被进攻击打面，而扩大了对手的击打面，使原有的优势逐渐缩减到最大限度。

2. 一旦相遇，果断使用后手直拳进攻对手的头部和腹部，在限制对手右拳的同时也限制了他的后手拳的使用机会，从而占据了比赛的主动。

3. 在相持阶段可以使用佯攻战术造成对手的错觉，并以轻快的步法左右移动，破坏对手习惯的后直拳 + 前摆拳等进攻组合，使对手的技术不能充分发挥出来，失去主动权。

九、针对点数领先的战术运用特征

点数领先的运动员特别是到了第三回合的后半部分，为了确保自己的优势保持到比赛结束，获得最终的胜利，绝大多数运动员都会由进攻转变为防守，甚至有的运动员会不同程度地出现消极进攻、故意拖延时间等不符合竞赛规则的行为。根据拳击比赛中普遍存在的这一现象，我们在运用战术时必须遵循以下几点要求。

1. 加快移动节奏，在追赶对手时要注意防守，不要为了进攻而放弃防守。

2. 稳扎稳打，树立必胜的信念和锲而不舍的精神，比赛时间不到结束的那一刻，一切皆有可能。

3. 采用侧向移动来拦截对手，阻止对手跑动行为，抓准进攻时机力求得点成功率。

思考与练习

1. 现代拳击防守战术组成及运用特征。
2. 现代拳击反击战术组成及运用特征。
3. 现代拳击进攻战术及运用特征。
4. 假动作战术概念及运用特征。
5. 现代拳击相持战术组成及运用特征。
6. 针对近距离型打法对手的战术运用特征。
7. 针对高个对手的战术运用特征。
8. 针对左撇子对手的战术运用特征。

第四章　拳击专项辅助训练方法

第一节　专项辅助训练的目的

一、有效提高专项能力

拳击专项能力是运动员的基础能力，也是技术和战术应用的基础。运动员专项能力的好坏，直接影响其训练和比赛结果。在训练中可以对运动员进行 10 秒、20 秒、30 秒快速俯卧撑、快速蹲起、快速仰卧起坐、快速打击手靶和快速沙包练习能力的训练，这样可以提高运动员短时间的专项能力，从而提高比赛短时间的进攻能力。根据 20 秒、30 秒、2 分钟、3 分钟最大强度击打沙包的次数和心率变化情况，在基础体能训练的基础上，进行有目的、有计划的专项能力训练。这些训练，一定要考虑一般力量与专项力量、能量转化与两者之间的相关性；技术与战术相互之间的协调性、合理性等。实践证明，各种分段跑练习后，再进行 20 秒若干组最大强度击打沙包练习的方法，是提高运动员专项速度耐力和专项力量等素质能力的一种有效方法。

二、可以提高运动员技、战术水平

在拳击运动中，既要具有基本技术和专项的素质，也要有较好的技术、战术水平，只有技术、战术正确，才能最大限度地发挥个人的潜力，进而取得比赛胜利。否则就不能很好地把平时经过艰苦训练得来的真正水平，反映到实际的比赛中，也就谈不上战胜对手取得胜利了。由此看来，对技、战术的训练是至关重要的问题。

一场比赛的胜负主要是以运动员得分多少来定的，而得分的多少又是裁判依据双方运动员各自击中对方有效部位来决定的，也就是要看彼此的命中率高低，实践证明，命中率是运用技术、战术的关键环节和具体表现。在进攻中命中率越高，说明技、战术及训练水平越高；防守时，失分越少，表明技、战术方法运用得比较恰当。因此，为了提高命中率，就要采取合理、有效的进攻和防守反击的技战术。

拳击比赛是通过抽签确定顺序及对手的，所以比赛前必须了解对手的技术特点、身体素质、意志品质，并在与之比赛的过程中进行一番试探和观察，细心注意对方的特长和弱点，当了解对手的弱点后，迅速利用假动作诱使其暴露弱点，运用自己得力的拳法进攻，并抓住机会结合连击拳快速进攻。比赛场上的情况千变万化，有时会遇到比自己技、战术强的对手，而有时也会遇到比自己弱的对手，在许多比赛中有的选手实力很强，却意外输给了比自己实力差的选手，这就说明运动员没有很好地分析场上的具体情况，没有合理地运用技、战术。因此，拳击运动员应该学会采取真真假假、虚虚实实的动作和方法，抓住时机运用最有效的技、战术，使对手处于被动地位。这种能力需要在平时的训练中逐步培养。

关于前手拳和步法的问题。前手拳是拳击技、战术中不可缺少的重要内容，是克敌制胜的法宝。前手拳的重要性表现在以下方面。

1. 前手拳是掌握距离、衡量距离的标尺。在比赛中拳击运动员可以通过前手拳的感觉，来选择近距离的进攻战术还是远距离的战术，从而随时做出适当的战术，争取赢得比赛胜利。

2. 前手拳是打乱对手进攻意识以及控制比赛节奏的武器。有些运动员由于不重视前手拳的作用，比赛中一旦遇到一个手臂较长、身材较高、防守较好的对手，用前手控制两人之间距离后，就会表现不知如何出拳、不知怎样比赛的被动局面。这样势必造成进攻意识和比赛节奏的混乱，难免会影响自身技、战术水平的发挥，影响整场比赛。

3. 前手拳应用技、战术是改变技、战术的钥匙。运动员在运用前手拳的同时，可以了解对手的力量、技术、防守等方面的情况，从而有利于自己制定合理的战术，而且也可以根据场上出现的情况，随时调整技、战术。

4. 前手拳是有效的防守方法，最初选材时。教练员都会选择一些身材较高的运动员，尤其手臂稍长的选手，因为比赛时，用前手支撑着门面可以加长对手与自己身体的距离，可以缓冲对手的有力进攻。另外，前手抬起防守可以起到防护作用。以免露出自己的防守空当，被对手利用。

5. 前手拳是争取场上主动，解除被动的砝码。比赛刚开始时，双方的体力消耗不是很大，所以防守时都很积极，但随着比赛时间的延长、激烈程度的增加，双方的体力都会下降，这时谁的前手拳高、防守好，失分就会少，相应地就会占据场上的主动；相反，前手拳难以拿起，就会暴露自己的有效部位，而被动挨打。

三、提高步法的灵活性

拳击比赛是在四周有围绳的拳台上进行的，活动范围有限。因此，运动员要充分利用灵活脚步移动，使自己在拳台所处的位置始终有利于自己技术和战术水平的发挥，如果运动员的步法灵活，即使所处的位置于绳角不利的地方，也能灵活快速地移动开，避开对方的进攻。所以拳击运动员必须提高步法的灵活性，争取占据场上的主动。

四、提高摆拳技术的进攻能力

摆拳是拳击运动中主要技术之一，是运动员争取主动、战胜对手、取得比赛胜利的重要手段。但是在比赛中运动员运用摆拳时存在许多不合理的现象，突出的问题是犯规动作太多，运用摆拳时经常错误地做出开掌击打动作，经常在运用此技术动作时出现头前冲和重心不稳的现象，这些规则上是不允许的，容易被判失分，这样一来起着重要作用的摆拳技术就失去了它的威力。要想比较理想地运用摆拳，就要在前手拳的掩护下，或者在防守反击的过程中运用此技术。绝不能在进攻刚一开始或没有任何掩护的情况下，就采用摆拳这种战术打法。由于摆拳容易使人想到开掌这个犯规技术，所以要在平时训练时，认真、细致地加以研究，要使摆拳技术运用得合理、规范，以免出现评判中的麻烦。

第二节　常用专项辅助训练方法

一、空击训练法

空击是拳击训练中最常用的一种专项训练方法。它是运动员在不佩戴任何护具，独自或两人一组进行徒手练习拳击技术的一种训练方法，无论是拳击新手还是高水平拳击运动员，空击训练都是一种必不可少的训练手段。在训练中运动员假想自己对面站着一个对手，进行进攻和防守反击的训练，来提高出拳的速度、组合拳的运用能力以及出拳和步法的协调配合能力。空击出拳的动作规律和动作路线是不固定的，没有一套完整的规定动作，练习时根据自己的意念和想法自由发挥，假想在同对手进行一场比赛。空击训练法是有效提高运动员技术水平和身体协调性的手段，既可作为大运动量的训练项目，也可作为调节体力的训练项目。

（一）面对镜子空击训练

在掌握了拳击的基本拳法和步法后，就要提高运动员的组合拳能力以及出拳与步法的协调配合能力，而空击训练法正是发展拳击运动员这些能力的最好方法。在空击时对着镜子练习，不仅可以检查自己拳法是否正确，而且还可以纠正各种拳法的动作路线，协调身体动作和发力。在熟练基本拳法后，就可以提高运动员连击拳的能力以及结合进攻、防守来提高二次进攻和防守反击的能力。

对着镜子练习空击，对初学拳击的运动员来说，是最好的模拟练习手段。在拳击训练中镜子是最重要的训练工具之一，它主要是用来学习和改进基本技术，熟练各种进攻与防守技巧。运动员对着镜子可以观察自己的一举一动，及时纠正错误动作，就像有教练员在自己身边一样。另外，镜子还可以让拳击运动员变得细心和机警。空击练习的时间要结合正式比赛每回合的时间，如 3 分钟一个回合，回合之间休息 1 分钟，结合正式比赛的时间。

（二）空击是提高战术意识的有效方法

空击训练除了改进拳法以外，还可以提高运动员的战术意识。这就要求运动员在空击训练时要带着战术思想进行训练，运用战术进攻与防守，把虚实、真假结合起来，把声东击西、防守反击、迎击等结合起来，有战术目的地结合攻防进行训练。这种训练动作要逼真，以促进运动员的思维活动，加强其战术意识。这种训练方法是以运动员在假想对手的情况下进行的，对运动员不会造成心理压力从而影响技术的发挥。运动员在空击时可以不用担心有对手的反击，这样就可以完全发挥自己的技战术水平，熟练技术动作，提高战术意识。

（三）空击训练的要点

拳击运动在进行空击训练时容易出现毫无目的、无战术、出拳无速度的现象，随意松懈地进行练习，达不到提高体力和耐力、技术和战术的要求，同时也达不到增强思维活动和战术意识的要求。因此。拳击运动员在进行空击训练时，要有目的地结合战术意识的要求进行训练。拳击空击训练的要点如下。

1. 在空击时要注意技术动作的规范和出拳的速度。特别是要重视空击中的连击拳，往往有些拳击运动员在练习连击拳时，第二拳或者第三拳出拳不到位，步法跟不上，或打出第二拳时容易失去重心，控制不住身体平衡。因此，在进行空击训练时要把重点放在连击拳上，第二拳要及时跟着第一拳打出去，动作到位。同时还要保持身体重心的平衡，使身体重心始终在两腿之间，只有重心不失去平衡，第二拳、第三拳才能迅速、有力。

2. 出拳时上肢肌肉紧张，动作到位。空击训练是运动员徒手进行的运动，所以训练时运动员容易出拳太过放松以及动作不到位，在手臂还没有完全伸直以前就收回去了。因此，在进行空击训练时不论打出何种拳法，要求运动员思想上要像实战一样，出拳有爆发力，动作到位。

3. 空击训练要结合步法。拳击运动是双方运动员在移动中相互进攻的，如果出拳不结合步法的移动就很难击中对方。所以，在空击训练时一定要结合步法的移动，做到有进有退，根据自己的意图不断出拳和移动。同时，步法的移动要有目的进行，随着拳法的进攻和防守而移动，步法移动轻巧，拳法和步法要协调一致。

4. 在空击训练中培养时间感。现在拳击比赛每个回合 3 分钟，优秀的拳击运动员在 3 分钟激烈比赛中，能清楚地知道这个回合中时间的消逝以及还剩多少时间。通过这方面可以掌握时间的主动权，控制体力的分配，在回合的最后阶段发起猛攻，进而夺取比赛的胜利。

5. 在空击训练中提高身体的协调能力。拳击出拳的发力需要身体的协调配合，这样才能发挥自身的最大力量，只依靠手臂力量出拳是不能打出自己的最大力量的。所以，在空击训练时，要使自己全身有关肌肉群交替地处于紧张与松弛状态，协调配合步法、拳法以及身体的转动，发挥各自的作用。如果拳击运动员在比赛中全身肌肉群始终处于紧张状态，就无法坚持全程的比赛，容易导致机体过早疲劳。只有在适当时机使全身肌肉有张有弛，才能在整场比赛中保持充沛的体力。

二、跳绳训练法

跳绳训练同样是拳击训练中最常用的一种专项训练方法，是拳击运动员必须具备的能力。跳绳可以应用在准备活动和专项训练中，它是一种很好的体育锻炼项目，可以提高全身的协调性、灵活性和步法移动的能力。它可发展拳击运动员下肢力量、身体协调能力、步法移动能力等，因此，是拳击运动员训练的重要内容。

（一）拳击训练跳绳的种类

1. 并足跳

并足跳是专业拳击运动员在跳绳训练初期采用的一种方法，跳绳时两足并拢，上身含胸收腹，收下颌，目视前方。双手握住绳端置于身体两侧，用手腕摇动绳子，每摇一次，两足同时跳起，离地约 5 厘米，不要太高。两足落地时用前脚掌着地，足跟平浮在地面上。

2. 高抬腿跳

高抬腿跳与原地做高抬腿动作相似。跳绳时，低头收下颌，目视前方，一腿支撑，一腿抬起，身体重心落在支撑腿上。当绳越过抬起腿的那一足后，就用前脚掌踏地，另一支撑腿迅速抬起。每摇一次绳，一腿抬起，一腿支撑，两脚交替进行。跳绳时掌握好抬腿的节奏和时机，让绳顺利通过两脚。

3. 拳击滑步跳

滑步跳绳是以拳击基本姿势站立跳绳的一种方式，跳绳时以拳击前滑步、后滑步、左滑步和右滑步移动，不同的是移动两脚同时跳起，同时落地。跳绳时要保持身体重心始终在两腿之间，以免造成重心不稳。移动时的要求同滑步的要求，用脚的前脚掌蹬地推动身体向前后左右移动。

4. 双摇跳

双摇跳与并足跳绳的要求类似，只是双摇跳起的高度要比并足跳得高，跳起时绳子在足下过 2 次。双脚落地时，前脚掌先着地，同时两膝微屈以缓冲身体的重力。这种跳法对增强运动员的身体素质有良好的效果。

5. 放松跳

放松跳是两脚交替慢速跳，这种跳法不要求速度，以放松为主。主要运用在加速跳的中间休息和训练结束后的放松中。

6. 两脚轮换跳

两脚轮换是在跳绳时，一只脚支撑，另外一只脚微抬起。每只支撑脚跳 2 次，两脚交替进行，这种方式可以在一只脚跳的同时，另一只脚得到休息，从而提高拳击运动员的腿部力量和耐力。

（二）跳绳训练注意事项

跳绳训练不论采取哪种方式，都不能全脚掌着地。必须用两脚的前脚掌着地，以缓冲身体落地时的重力和提高弹性。全脚掌着地不但动作不灵活，还会因震动使头皮发胀，影响训练。拳击跳绳训练的时间最好与拳击比赛回合的时间相同，即3分钟一个回合，中间休息1分钟。3分钟跳绳训练要时快时慢或以最快速度跳，这样才能接近一回合比赛的强度。跳绳作为耐力训练时，要放在一堂训练课的最后进行。

三、沙袋训练法

沙袋，是拳击训练中必不可少的训练器材之一。通过沙袋训练可以提高拳击运动员的体力、耐力、出拳速度、节奏感、协调性以及出拳力量，是拳击运动员最忠实最理想的训练伙伴。沙袋是外用皮革或帆布，内袋有沙子或碎布片等填充物制作而成的训练器材。从重量方面区分，可分为轻型、中型和重型沙袋。

我们知道，人体的骨骼、肌肉、皮肤，不是生来就是坚硬耐打的，而是通过我们不断地训练来提高其硬度等素质。打沙袋就是一种比较好的训练方法。在拳击运动中，如果拳头、身体不够结实，那么自身的抗击打能力就很差，很难承受对方的打击。当然，自己也打不出有力的拳来。通过沙袋练习，可以让拳击运动员坚强起来，使拳头具有一定承受能力的同时，还提高了身体的协调性和耐力水平。

（一）击打沙袋的距离

击打沙袋的距离可以分为远距离、中距离和近距离三种。远距离主要是练习直拳和摆拳的击打，而中、近距离主要是练习上勾拳、平勾拳的击打。在沙袋训练中要不停地变换与沙包之间的距离，当沙袋靠近自己时就利用勾拳和摆拳进行近距离击打，当沙包远离自己时就用左右直拳进行远距离击打，在移动中练习不同的拳法组合，可以在短时间内提高运动员动作的准确性、灵活性和速度等。在沙袋练习时要注意步法与出拳的协调统一，利用身体的转动来增加出拳的力量。

（二）出拳的节奏

在沙袋训练时，特别要注意出拳的节奏和速度，结合不同的组合拳，运用不同的发力来不断改变出拳的节奏，不要总是重复一个节奏出拳。注意出拳的发力，不需要每一拳都发力，也不要每一拳都不发力，根据出拳的节奏控制出拳的力量，可以在组合拳中最后一拳发力，也可以单独练习单拳的发力。这样才能结合实战提高组合拳能力和出拳速度以及力量。同时，在练习中还要注意距离同节奏的关系。

（三）提高技术动作规范

通过沙袋练习，可以纠正技术动作以及改进技术。在训练时依照动作要领，借助沙袋反复练习，一般 3 分钟一组。运动员在具备正确技术定型的基础上，可以借助沙袋提高技术水平。在沙袋训练时将沙袋假设为对手，做 3 分钟一组、间隔 30 秒或 1 分钟的模拟训练，可让助手在旁持计时器协同完成。

打沙袋和进行空击训练一样，不同的只是将拳头打在假想对手身上。在打沙袋时，要注意发挥自己在训练中学到的所有技巧，去控制沙袋，而不要让沙袋晃动。所以，在击打沙袋时要注意动作的发力，不要有推沙袋的力量，要结合身体的转动以爆发力击打沙袋，在拳头击打沙袋后迅速收回。

四、梨形球训练法

练习梨形球是提高身体素质和出拳速度的有效方法之一。拳击运动员通过梨形球训练可以提高肌肉的弹性、身体灵敏性、准确性、目测能力和大脑的反应能力。充气梨形球训练法，主要是利用梨形球撞击悬挂平台的节奏，来培养拳击运动员的出拳速度和动作的节奏感。梨形球是悬挂在专门的平台上，练习时，出拳击打在梨形球的中间部分。要保持准确的击打姿势，按照一定的节奏进行击打。通过训练可以增强手臂和肩部力量，并且能练习眼和手的协调性，是拳击运动员掌握迅速而准确、果断而敏捷出拳的主要辅助训练器材，对提高拳击运动员的肩、肘、腕等各关节的灵活性和耐力有良好的作用。

练习梨形球的高度要根据练习者的身高和击球点来定。开始学习各种击打方法时，速度要慢而准确，形成一个正确的姿势。练习时，可戴沙袋手套，也可不戴手套。在打梨形球时需要选择一个宽敞的地方，能够自由自在地运动是基本前提。击打梨形球的初级阶段可以用单拳击打，等熟练掌握击球的技巧后再两手交换击打。击打时要从拳击的基本姿势开始，两肘自然下垂，双手握拳，左拳大约与下颌同高，右拳置于右下颌处。站在离梨形球 70 厘米左右的地方，让梨形球的摆动与鼻子同高，用左手拳击打梨形球的中心部，在不失去平衡的情况下，用力击打，判断距离要准确。击打后迅速收回左拳还原基本姿势。如果击空了就闪躲，这种闪躲也能帮助练习防守。当球向前第三次碰板回到 45 度角时，左拳再次击球。

在掌握了单击技术后，可采用连续地轻击梨形球练习，它能使球迅速反弹并产生一个连续而有节奏的声音。为了获得预期的效果，应该用脆而快、准确的方式进行击打，同时力量上尽可能均匀一致。这种击打的主要价值是鼓励并要求两手交替进行。这种连续轻击能培养拳击运动员的身体协调性。此外，还可以提高拳击运动员的出拳速度，培养他在比赛场上保持冷静的头脑。在练习梨形球时，要时刻注意身体重心平衡。

一名优秀拳击运动员需要具有良好的判断距离的能力。然而，拳击初学者不具备良好判断距离的能力。在击球中，判断距离是为了击球的准确性，准确地估计距离并精确预测摆动的方向或击打球的方位，需要有敏锐的眼力和快速反应的头脑。当球弹到你想击打的位置，用大脑判断距离，测量拳达到位置的长度，决定在击打时是否上步，然后快速出拳击打目标，并保持身体平衡。身体平衡和判断能力是相辅相成的，每一项都依靠另一项的协调配合，判断距离的目的，是使你在一瞬间击中目标，并使所有有关的因素都起作用，如身体的冲力、臂的摇摆、拳的最后发力和另一手臂的防御，这些动作都要同时进行。判断距离既用在进攻时又用在防守时，以准确判断球的摆动和它的变化路线，并在拳击的实践中预测对手在各种变化的条件下达到的距离等等。

五、手靶训练法

手靶训练法是拳击运动中重要的专项训练手段，它不仅能够提高运动员的拳击技术和战术水平，而且还可以提高直、摆、勾拳的击打正确性、出拳速度、反应速度和维持身体重心平衡能力，以及提高人体的协调性。

打手靶，为了提高运动员出拳的准确性和培养其敏捷的反应能力，训练中拿靶的一方运动员应当有计划地支靶，进行一些固定拳法的练习，也可以随意支配来提高运动员的反应能力。运动员在支靶过程中要让打靶的运动员不停地移动，并且不停地移动手靶的位置，让运动员在不同的方向、不同的距离击打手靶。这对培养运动员在实践中发现对手空当，并能及时进攻是十分重要的。

（一）手靶训练的三种方式

拳击手靶训练有固定手靶、活动手靶和实战手靶 3 种。

1. 固定手靶训练

固定手靶的练习方法是拳击训练初级阶段，运动员掌握基本拳法的训练手段，这种方法要求支靶者支出的靶距固定不变，让练习者保持拳击基本姿势，配合滑步对准手靶靶心，固定一种或两种拳法进行击打。此种方法的主要功能是使练习者有充分的时间来考虑步法与拳法的配合和准确判断出拳距离，达到熟练出拳的目的。

2. 活动手靶训练

运动员能够熟练、快速击打固定靶后，就可进行活动手靶的训练了。与固定手靶训练相比，活动手靶提高了练习的难度。这种训练要求支靶者手靶忽扬忽掩，忽近忽远，忽左忽右，不断变换靶位和靶距。练习者保持拳击基本姿势，随着手靶位置和距离的变换，灵活调整自己的步法与拳距，准确地击打手靶的靶心。此种训练方法主要是提高运动员出拳的速度、反应速度和准确的拳距感。活动手靶，练习要做到判断准确，出拳迅速有力，并且要保持身体身心的平衡。

3. 实战手靶训练

实战手靶训练是支靶者同练习者进行的类似实战的训练。在训练过程中支靶者结合进攻防守意识，在运动员击打完手靶后对运动员进行防守能力的训练，让击打手靶的运动员在进攻完以后在进攻防守练习或者结合防守反击练习。训练的主要目的是结合实战意识提高拳击运动员的进攻能力和应变能力。实战手靶训练不是练习者与支靶运动员进行的实战训练，而是针对支靶者支出的手靶结合进攻、防守反击的意识进行击打。

（二）手靶训练原则

练习击打手靶的一般原则是由慢到快，由固定靶位到活动靶位，由活动靶位到实战靶位的顺序原则。靶位距离由近距至中距，由中距至远距，三种靶位距离不断交替变换，逐渐增加难度，以提高运动员的技术水平和身体协调性。

1. 支靶由慢到快

最初确定的靶停留时间为 1 秒，随后随着训练水平的提高，逐渐缩短停留时间，比如 1/2 秒、1/3 秒，以便提高出拳的速度和反应速度。如果是连击拳击打手靶，靶停留时间可适当延长。

2. 由固定靶位到活动靶位

先训练固定靶位，随着基本技术的完善和技术水平的提高，逐渐过渡到活动靶位，支出的活动靶位要使练习者不易捉摸到。同样，支出靶停留的时间也要由长到短，以提高练习者的练习反应速度和判断能力。

3. 靶距由近到远

手靶训练要先从训练者直拳容易击倒的距离开始，然后逐渐增加难度，由近、中、远 3 种拳距交替变换，以锻炼练习者的出击距离感和上步出拳的能力。

4. 支空靶

拳击运动员在熟练地掌握技术后，支靶运动员在支靶时就可以虚实结合进行。

例如：在击靶过程中，支靶运动员将支出的手靶突然收回，让打靶的运动员击空，以检验打靶运动员的身体重心是否平稳，提高拳击运动员保持身体重心平衡能力。

5. 掌握要点提高手靶训练水平

手靶训练可以提高拳击运动员出拳距离感和准确判断距离的能力，在掌握原地打靶之后就需要结合步伐的移动进行手靶训练。运动员在打手靶过程中，两拳要始终抱好拳击准备姿势，时刻保护好自己，避免暴露出空当，要时刻根据支靶运动员的提醒，保持好拳击的基本姿势。支靶运动员可用手靶击打运动员的空当处，以提醒运动员抱好基本姿势，避免防守空当。支靶运动员在支手靶时，手臂肌肉要放松，肘关节弯曲自然下垂，只在受击的一瞬间保持一定的紧张度。这样不仅可以避免腕关节和肘关节过早产生疲劳，而且能够缓冲打手靶的冲力。实战手靶的练习时，3 分钟为 1 个回合，击打 3 个回合，回合中间休息 1 分钟。

六、墙靶训练法

墙靶训练是把类似于手靶的器材固定在墙上或者支架上进行击打，通过墙靶训练不仅可以纠正拳击运动员的技术动作，体会动作的发力以及增加出拳的力量，而且，还可以锻炼运动员的身体协调性。墙靶练习的显著特点是可以培养运动员正确的技术定型，使他们可以像击打沙袋那样，练习原地击打墙靶和移动击打墙靶。墙靶不同于沙袋，墙靶是固定在墙上的，不会像沙袋一样活动，所以在训练时运动员能更好地专注于击打的距离，以及体会动作的发力。击打时可以单手击打也可以连击拳击打，可以借助于墙靶反复练习出拳的动作距离、节奏等。练习时要特别注意出拳结合步法的移动和左右手的配合进行击打。

七、路　训

路训可以用来调节室内训练，提高运动员的训练兴趣。路训最好的方式是在野外的大自然环境中进行，要使运动员感到新鲜和兴奋，从而提高训练的积极性。路训的练习内容包括长跑、跳步、柔韧性关节操、空击、力量练习等。各种练习可以交替进行，每组 3 分钟，中间休息 1 分钟，每组练习动作有快有慢交替进行。每次路训时间为 120 分钟左右，在非比赛期，可以每隔两周训练一次。

思考与练习

1. 如何提高步法的灵活性?
2. 为什么要面对镜子空击训练?
3. 跳绳训练可以提高哪些方面?
4. 拿手靶人重要吗?说明理由。
5. 你喜欢路训吗?说明理由。
6. 如何进行梨形球训练?
7. 沙袋的训练和打法。

第五章　拳击心理能力与运动智能

第一节　心理能力与运动智能概述

一、拳击心理能力概述

（一）拳击心理能力及心理训练释义

心理能力即指运动员与训练竞赛有关的个性心理特征，以及依训练竞赛的需要把握和调整心理过程的能力，是运动员竞技能力的重要组成部分。

心理训练是对拳击运动员使用各种手段，有意识地对其心理过程和个性特征施加影响，锻炼运动员掌握调节自己心理状态的各种方法，为适应不同的条件和情况，更好地参加拳击训练和取得优异运动成绩，做好各种心理准备而进行的专门训练过程。

（二）拳击运动员心理特点

随着拳击运动的不断发展，运动员的技术水平也在不断提高，在运动员之间技术能力相差不大的情况下，心理因素逐渐成为影响比赛成绩的重要因素，特别是高水平运动员表现得尤为突出。有研究表明，高水平拳击运动员在激烈的比赛中能否取胜，心理因素占 80% 的比例，技术只占 20%。这是由于高水平运动员在技能方面的实力相差不大，获取的关键往往取决于运动员稳定的心理素质，这在一些其他项目中表现也很突出。拳击运动要求运动员在比赛中具备一个稳定的心理素质，才能正确、灵活地运用技战术，特别是在关键时刻，要有勇敢、顽强、积极主动的比赛作风和拼搏精神，才能完成艰巨的比赛任务。比赛中心理素质的好坏直接影响技术水平的发挥、战术的实施，甚至体能的消耗，对拳击运动来说是一项重要的竞技能力。拳击心理特点主要体现在意志品质方面要具有较强的坚韧性、顽强性、果断性、自信心和目标清晰度，同时还要具有良好的自信心、沉着冷静的处事能力以及顽强的斗志；气质类型以多血质为主，比赛中能时刻保持兴奋性，具有良好的高级神经反应能力；神经类型以稳定灵活为主。

（三）拳击心理能力的作用

拳击运动员的个性心理特征，在训练和比赛过程中起着重要的作用。对于对抗性的拳击运动来说，心理训练显得尤为重要，比赛时面对对手强而有力的拳头，面对紧张激烈的场面，甚至是对手挑逗性的刺激，都需要运动员具有良好的心理素质，否则，未战先惧或暴躁难耐，都不可能创造优异成绩。另外，运动员的体能、技能、战术能力和运动智能，都只有在其心理能力的参与和配合下，才能充分体现。对拳击运动员进行心理训练可培养运动员稳定、良好的心理素质，以便进行比赛。因而在比赛中，当双方运动员技术训练水平相差近时，心理素质就会对比赛的胜负起着决定性的作用。甚至在比赛中经常出现技术训练水平较差的运动员，依靠其心理素质优势和有效的战术，战胜比自己强大的对手。

二、拳击运动智能概述

（一）拳击运动智能释义

拳击运动智能是指运动员以一般智能为基础，运用包括体育运动理论在内的多学科知识，参加拳击训练和比赛的能力，在拳击运动的竞技能力中起到重要的作用。

拳击智能训练是拳击训练中一种新兴的训练内容，是拳击活动的实际操作能力、适应能力与对拳击行为的观察力、记忆力、思维力等有机综合的训练方法。

（二）拳击运动智能特点

现代拳击训练与比赛中，对运动员智能水平的要求越来越高，运动员的智能水平体现在训练中可以较好地理解教练员的训练目的，提高训练效果。体现在比赛中可以根据赛场上对手不断变化的情况，及时有效地调整自己的战术打法，以及理解教练员临场的指挥。拳击的智能训练，同其他运动训练一样，包括培养运动员独立完成训练和参加比赛的能力，培养运动员参与制订和修改训练计划的管理，培养运动员进行自我监督的能力，培养运动员熟练掌握和能够灵活运用各种技术、战术的能力等。在这些方面的训练中，开始利用运动员的智力潜能，提高拳击运动的层次，充分发挥人的智能因素对拳击运动的推动作用。

（三）拳击运动智能的作用

具有较高运动智能的拳击运动员，对于拳击竞技特点和规律有着较为深刻的把握，对于训练的理论和方法也有更为准确的认识和体验。因此，他们在训练中就更能够正确地理解教练员的训练意图，能够以自觉的行为配合教练员高质量地完成预定的训练计划，从而有效提高拳击运动员的竞技能力。同时，具有较高运动智能的拳击运动员，还善于正确地理解先进合理的技术，从而明显地缩短学习和熟练掌握技术动作的过程，他们能够更为准确地把握拳击战术的精髓和实质，在比赛中善于灵活机动地运用战术。

第二节　拳击运动的心理训练

一、心理训练常用方法

（一）意念训练法

意念训练是指运动员有意识地、积极地利用头脑中已经形成的运动表象，或充分利用想象进行训练的方法。例如：在训练之前通过对拳击技术要领、方法的想象，在大脑皮层中留下技术“痕迹”，然后在训练中把这些痕迹激活，可使动作完成得更加正确、顺利；或在训练后，对刚刚完成的训练进行技术“回忆”，使正确动作在脑海里更加巩固。假如动作中出现错误，在回忆中伴随着对错误动作的“纠正”，与正确技术进行对比，可以使其得到“克服”，避免下次训练时再次出现。

意念训练时应注意：在进行训练时，一定要产生一种思维运动效果，要有意识地发展思维；使意念训练与各种运动感觉结合起来，把头脑中的想象变成运动中的机体“活力”；使运动员注意力高度集中，闭目练习常可收到良好效果；从某种意义上讲，自我暗示也属于意念的范畴，比赛前进行意念训练，一方面可以想象动作的完美过程；另一方面用暗语也可以进行自我动员与激励，取得技术想象与心理调控的双重效果。

（二）模拟训练法

模拟训练法是指模拟设置未来比赛中可能出现的条件进行的训练。通过模拟训练，可使训练与比赛的实际状况尽可能接近，使运动员在近似比赛的条件下，锻炼和提高对未来比赛的适应能力，以及情绪控制能力等。模拟训练内容包括技战术模拟训练、心理状态模拟训练、比赛环境条件适应性模拟训练、适应对手特点的模拟及适应时差的模拟训练。

模拟训练时应注意：对拳击运动员进行赛前适应性的模拟训练，要对比赛的对手、环境、条件等各方面进行详细的了解与分析，然后，根据分析研究的结果进行针对性的训练，使训练尽可能地与比赛实际情况相似。可在模拟训练中根据对手有针对性地进行模拟训练，也可根据拳击比赛时间特点，在下午或晚上进行模拟训练。模拟训练的目的是提高运动员的适应能力，在于能使运动员中枢神经系统形成优势现象，并建立合理的定型结构。但比赛情况多变，要尽量使运动员能应付各种变化的情况，所以，在模拟训练时要制定出几套办法，以提高运动员应付各种复杂环境的能力。

（三）意志训练法

拳击意志训练法是指训练中培养运动员在勇敢、顽强、不服输方面的精神，使运动员在克服各种困难时能够表现出良好的意志品质。

意志训练时应注意：加强训练和比赛的动机、态度的培养，通过长期系统的正面思想教育，使运动员明白只有通过自己艰苦的训练、艰苦的付出才能实现自己远大的目标，培养运动员吃苦耐劳、顽强拼搏的意志品质，引导学生形成正确的训练动机，端正训练态度；可与实力较强的队员配对训练，以培养运动员训练中敢拼敢斗、勇猛顽强的心理品质，以及树立战胜对手的自信心；培养运动员适应专项训练的意志品质，在平时训练中无论是技战术还是身体素质训练都要严格要求学生，认真完成每次训练；培养学生自我暗示、自我鼓励和调节情绪状态的能力，这样运动员在遇到困难时，就会及时进行自我调整，转变心理状态。

二、常见不良心理状态及克服方法

（一）克服心理紧张的方法

心理紧张是运动员在比赛之前对比赛刺激因素及本人参赛条件做出了具有威胁性的评价，从而产生紧张的心理反应。运动员参加比赛前需要一定的心理紧张，以便把机体各组织、器官、系统动员起来，特别是提高中枢神经系统的兴奋性，以便动员人体潜在的能量，在比赛中创造出好的成绩。但是心理过度紧张，就会使大脑皮层对自主神经系统和皮层下中枢的调节活动减弱，呼吸短促，心跳加快，甚至有的运动员会四肢颤抖、尿频，产生这些现象后必然会使运动员的心理活动失常，很难把注意力集中到比赛上去，动作表象不清，教练员指导听不进去。造成运动员心理过分紧张的原因很多，如训练过度、睡眠不足、压力过大、害怕对手、对成绩期望过高、比赛经验不足等。

克服拳击运动员心理紧张的方法如下。

1. 表象放松法

这种方法是使运动员想象他通常感到放松与舒适的环境，在脑子里将自身置于这个环境中，使身体得到放松。使用这种方法的关键在于使表象中的环境清晰，在大脑中能生动地看到想象的环境，增加情景对运动员的刺激强度。

2. 自我暗示放松法

这种方法是使运动员全身肌肉放松。开始练习时由教练员指导运动员依次放松身体的各个肌肉群，同时增强呼吸，经过几次指导之后，让运动员自己独立完成。在开始时要花费较长的时间才能使全身肌肉放松，之后会使时间逐渐缩短，最后可用较少的时间使全身肌肉得到放松。

3. 阻断思维法

当运动员由于信念的丧失出现消极思维，引起心理紧张时，运动员利用大吼一声，或者向自己大喊一声“停止”，去阻断消极驱动力的意识流，以积极思维取而代之。教练员在训练中可帮助运动员确定一个用以代替消极思维的积极而切实可行的活动，用以阻断消极思维。

4. 音乐调节法

音乐调节法是拳击训练和比赛中常用的一种方法。选取不同的音乐能使人兴奋，也可使人镇定。音乐给予人的“声波信息”可以消除大脑所产生的紧张，也可以帮助人内在地集中注意力，促使大脑的冥想井然有序。特别是在大赛前，让心理紧张的运动员听听适宜的音乐，可以有效地调节情绪，缓解紧张。

5. 排尿调节法

人在情绪过分紧张时，会出现尿频的现象，这是因为情绪过分紧张，大脑皮层抑制过程减弱，兴奋过度，使得大脑皮层中枢和自主神经系统调节作用减弱，如果能及时排尿，会使运动员产生愉快感，同时使心理和肌肉得到放松。

（二）克服心理胆怯的方法

心理胆怯是一些运动员在比赛前经常出现的一种心理状态，心理胆怯使大脑皮层的控制系统陷入混乱状态，打乱了神经系统的控制，引起机能失调，使运动员在比赛时不能发挥出应有的水平。克服胆怯的根本是要找出使运动员胆怯的原因，解除思想负担。一般造成运动员胆怯的原因如下。

1. 运动员不相信自己的实力，对比赛缺乏胜利的信心。

2. 运动员给自己的压力较大，要求自己必须取得比赛的胜利。

3. 惧怕名气大的对手。

4. 参加大型比赛以及重要比赛时，使得运动员的压力过大，不自觉就产生了胆怯感。

5. 对观众、环境不适应，会感到有一种特殊的刺激气氛，心理产生胆怯。

对产生心理胆怯的运动员进行调整时，要对症下药，有的放矢。教练员要通过与运动员的交流，以及对运动员的观察，认真查找运动员产生胆怯的原因，有针对性地采取措施进行克服。

（三）克服情绪消极的方法

情绪消极是指运动员在激烈竞争的刺激下，对超限心理负荷所产生的一种失常的心理体验。表现为心理不安、有恐惧感、紧张过度和情绪失控。由于这些心理状态的出现，使运动员的生理状态发生一系列的变化，如心跳加快、呼吸困难、浑身发冷、四肢无力等，并会导致智能下降、知觉迟钝、行为刻板，对比赛失去信心。

克服拳击运动员情绪消极的主要方法如下。

1. 激励法

教练员应根据运动员个性与客观影响，激发运动员比赛的士气、把消极情绪转化为积极情绪。

2. 转移法

运动员的恐惧、不安和紧张的心理状态，往往是由于特定的思维定式和注意定向所引起的，对此可采用注意力转移方法，使用一些刺激物去消除引起情绪消极的诱因，从而减缓和排除消极情绪。

3. 升华法

在比赛中时常出现运动员的某些“能量”在一定场合下释放得恰到好处，而在另一种场合下适得其反的现象。如勇气是运动员必有的品质，可是有时在某些场合下有的运动员却可能干出一些凭蛮劲而盲动的事情。此时，可以通过升华法，使运动员提高认识，增加克制力，规范自己的行为。

4. 暗示法

利用客观刺激物对运动员的心理进行调节，如在比赛中运动员看到教练员从容的表情、轻松的语言、和蔼的态度等都会得到鼓舞，消除消极情绪。运动员也可通过自我暗示，运用指导语来调节中枢神经系统的兴奋与抑制，从而形成一系列反射活动，使消极情绪得到控制。

5. 体验法

有消极情绪的运动员可通过参加比赛去体验比赛，提高运动员对恐惧、紧张的免疫力，控制消极情绪的产生。

（四）克服情绪激动的方法

情绪激动是少部分拳击运动员在比赛前表现的一种心理现象，表现为呼吸短促、心跳加快、四肢颤抖和心神不定，在行动上不能很好地控制自己的行动，知觉和表象不连贯，注意失调，遗忘与比赛有关的重要因素，以及记忆力下降等。

造成比赛前运动员过分激动状态的原因，主要是由于刺激物引起运动员大脑皮层抑制过程减弱，兴奋过程升高，致使大脑皮层下中枢和自主神经系统调节作用减弱。

克服拳击运动员情绪激动的方法如下。

1. 丰富比赛经验

运动员产生情绪激动的原因大多与运动员的训练程度和比赛经验有关，应提高运动员的训练程度，丰富运动员的比赛经验，对初次参加比赛的运动员更应重视。

2. 根据个人特点提高调节能力

运动员产生情绪激动的原因还与运动员的个人特点有关，有的运动员个性倾向比较突出，易冲动，在比赛前很容易激动，对待这样的运动员要加强其自身调节能力的训练。

3. 提高运动员的动机水平

参加训练与比赛的动机与倾向之间有着密切的关系，动机支配着行为，是直接推动运动员参加训练与比赛的内部动力。热爱拳击运动、为祖国争光等高尚动机可以使一个运动员在参加比赛时的心理处于良好的战斗准备状态。而希望通过比赛出名获利，或显示一下自己的个人狭隘动机，则通常会在比赛中发生包括情绪激动在内的不正常的心理状态。所以，教练员在平时的训练中应加强对运动员参加比赛动机的教育，使他们树立高尚的动机。

（五）克服心理淡漠的方法

拳击运动员赛前淡漠状态与运动员大脑皮层兴奋过程下降，抑制过程加强有关。运动员心理淡漠，表现为情绪低落、意志消沉、精神萎靡、体力下降、对比赛缺乏信心，知觉、注意力强度减弱，反应迟钝，会严重影响比赛的结果。

克服拳击运动员心理淡漠的方法如下。

1. 帮助运动员分析比赛情况，使他们正确认识比赛的主、客观有利条件，并且应制定具体可行的比赛措施，使运动员增强比赛信心，鼓舞斗志。

2. 帮助运动员形成崇高的比赛动机，端正对比赛的正确态度。

3. 防止赛前过度训练，使运动员情绪高涨，以饱满的热情参加比赛。

（六）克服盲目自信的方法

当一个运动员参加比赛的信心超过了他实际具有的能力时，就会产生盲目自信的心理状态。拳击运动员产生盲目自信多是由于对即将来临比赛的复杂性、艰巨性和困难情况估计不足，过高地估计了自己的实力，相信自己能取胜所致。这样的运动员具体表现为：不认真分析与研究比赛的战术；对比赛漠不关心；注意力分散，注意强度下降；思维迟缓，自以为是；当遇到意想不到的困难时，表现得心情急躁、手忙脚乱、不知所措。

克服拳击运动员盲目自信的方法如下。

1. 教育运动员要认真对待每一次比赛，做到胜不骄，败不馁。

2. 学习辩证唯物主义的方法论，使运动员学会科学、全面地分析问题。

3. 每次比赛前，教练员都应带领运动员实事求是地分析自身和对方的实力，充分估计可能出现的各种困难情况，使运动员处于良性的战斗准备状态。

（七）克服注意力分散的方法

注意力是心理活动对一种事物指向的集中，把注意力集中在某一对象或活动上为注意力的稳定性；和注意力稳定性相反，是注意力的分散，也就是通常所说的分心。造成注意力分散有客观与主观两方面的原因。外部刺激常易造成注意力的分散。

克服拳击运动员注意力分散的方法如下。

1. 在平时应加强培养运动员不为其他事物干扰所分心的能力。

2. 使运动员对他所从事的拳击运动有强烈的意愿和浓厚的兴趣，这种来自内部的动机会使人的注意力高度集中。

3. 在日常生活中使运动员养成做事有头有尾，坚持到底的良好习惯。

4. 在参加比赛时，要引导运动员不要多想比赛的结果，而应把注意力集中在比赛的过程上。

5. 在比赛之前消除担心、害怕等心理状态，避免情绪波动。

6. 可以让运动员进行一些视觉守点、听觉守音的练习，以使注意力集中。

（八）克服心理焦虑的方法

拳击运动员的心理焦虑是指在训练或比赛中对当前现状，或者是所预计的结果对自尊心有潜在威胁的情境所具有的担忧倾向。运动员适当的焦虑可以激起其改变自身现状的紧迫感，进一步谋求达到某种目标；但如果运动员对预计到的威胁产生过度担忧和过分紧张，往往会夸大比赛的困难因素，小看自己的实际能力，担心比赛成绩不好，担心辜负了教练员、家长的期望而产生焦虑，则不利于正常的比赛。

克服拳击运动员心理焦虑的方法如下。

1. 进行积极的想象，采用放松训练的一些方法，消除焦虑情绪；赛前也可以演练一下比赛的情形，把思想集中到比赛中去。

2. 在完成动作之前可以将整个动作及完成动作时的思想状态按照程序背诵一遍。

第三节　拳击的智能训练

一、一般智能训练

拳击运动员运动智能的提高是以一般智能为基础，提高运动员的观察力、注意力和思维想象力是提高运动智能的基础。

（一）观察力训练

观察是受思维影响的有目的的知觉活动，观察的基础是感觉，观察力是运动员应具备的主要智力因素。培养拳击运动员的观察能力十分重要，拳击比赛中场上情况复杂，观察能力差往往在见到快速变化的景物时会眼花缭乱，无所记忆，得不到思维材料，由此引发的行为只能是盲动。

培养运动员的观察力最基本的方法就是在比赛、训练时经常布置观察任务、培养观察习惯。初次布置任务时，应做好准备，列出计划，明确任务，指明观察重点、程序，以及写观察报告等。运动员在掌握了观察方法之后，应不断布置观察任务，提高运动员的观察能力。

（二）记忆力训练

记忆是以识记、保持、再认和回忆的方式对经验的反映。记忆是运动员重要的智力因素。人的记忆分为形象记忆、情绪记忆、逻辑记忆和运动记忆。无论哪种记忆都是由感知记忆开始，经短时记忆的强化转化为长时记忆的。

记忆力训练就是发展记忆敏捷性、持久性和迅速正确再现等品质。发展记忆力的做法有：经常布置记忆任务，如记一次比赛成绩，一场比赛情景，一组连续动作形象；复述、回忆记忆材料；及时把感觉记忆转化为短时、长期记忆；学习记忆方法，掌握记忆术。

（三）思维、想象力训练

思维是智力的核心成分。思想训练的任务就是掌握思维规律，学会熟练运用思维，提高思维能力。

思维的主体是大脑，运用思维工具，对思维材料进行创造性的加工过程。思维材料的占有量，思维工具的运用程度都受着思维主体——脑发展水平的限制。所以，思维训练的终极目标是发展脑的结构功能。人的思维有逻辑思维、形象思维和灵感思维三种活动方式。

在拳击训练中可通过对比赛进行分析预测，对比赛信息进行加工综合，对运动技术进行评述等方法发展拳击运动员的逻辑思维能力。如：两人空击练习，练习过程中训练运动员区别真假动作的能力，并从中总结经验。根据拳击运动员的特点，在思维训练中要注重思维速度的训练。拳击比赛中速度是至关重要的因素，速度慢就意味着失去了得分机会，失去了取胜的机会。加强思维速度训练的基本方法是限时完成思维任务，学会简化思维步骤，拓展思路，养成集中注意力的习惯。

二、运动智能训练

运动智能训练的主要途径是传授知识、掌握技能和开发智能。运动员学习知识的过程，要通过领会、理解、巩固、运用等环节，把接受的知识记忆到头脑里，这一过程也是人的智能活动的过程，通过这种智力活动可以开发人的智能。

（一）提高拳击运动员专业理论知识水平

1. 结合训练实践学习拳击专业理论知识

拳击运动员在学习和掌握专业理论知识的特殊要求在于紧密结合训练的实践，取得实际效果。科学的训练理论应该是源于训练实践，并高于训练实践，进而有效地指导训练实践。所以，在学习理论知识时要结合训练实践，特别是自己的训练实践来进行。训练中运动员要认真理解训练计划，认真记好训练日记，认真进行训练总结。带着训练中发现的问题去学习，去思考。

2. 广泛学习相关学科的科学知识

拳击运动是一项复杂的运动项目，除了运动员需要掌握运动训练方面的知识外，还需要掌握其他学科方面的知识，这样训练的效果才能更加有效，更加科学。科学的运动训练活动要求它的从业者具有丰富的、多领域的科学知识。如：运动生理学、运动解剖学、运动心理学等，这些都会对科学地组织拳击训练活动和成功地参加拳击比赛有着重要的意义。

（二）提高运动员运用知识的水平

1. 提高应有理论知识的自觉性

教练员和运动员首先应明确专业理论知识的作用，并主动自觉地在自己的训练实践中予以应用，这是提高其应用水平的重要前提。其应用的具体方法，一是由实践找理论，二是学理论到实践。根据训练实践的需要，去学习和寻找有关的理论知识，学习、理解并掌握后即用于训练实践中，从而提高理论知识运用的能力。

2. 认真做好专题总结

对运用专业理论知识于训练实践的工作情况应及时地进行深入的专题总结，这是提高应用水平的另一个重要方法。通过科学的总结，可以对理论的认识更加深刻，对实践的解析更加准确，从而把认识提高到新的层次和新的水平。

教练员和运动员都应注意提高自身的科学方法水平，要学好逻辑学、科学方法论，以及体育统计、实验设计、调查访问等具体科学方法，这是进行科学的总结和从事科学研究工作必不可少的。

思考与练习

1. 简述克服心理的方法。
2. 克服情绪激动的方法有哪些？
3. 如何克服心理焦虑？
4. 拳击比赛场上如何控制心态？
5. 如何提高拳击运动智能训练？
6. 如何提高拳击运动员专业理论知识水平？

第六章 拳击竞赛规则及裁判法

第一节 国际拳联技术和竞赛规则

《国际拳联技术和竞赛规则》来源于中国拳击协会官方网站，详情请扫描下方二维码。

第二节 拳击竞赛裁判法

一、对竞赛技术官员的基本要求

竞赛技术官员包括：技术代表、比赛仲裁、医务仲裁、裁判员，以及在竞赛场地内直接参与竞赛工作的计时员、检录员、编排记录员和宣告员。拳击竞赛技术官员应是拳击比赛的组织者、宣传者、教育者，是执行规则的主要成员。因此，要求竞赛技术官员必须做到以下几点。

1. 自己遵守国家法律法规和国家体育总局各项规章制度，认真学习拳击竞赛规则和裁判法，恪尽职守，公平判罚，公正廉洁，切实抵制和杜绝拳击竞赛中的不正之风，维护拳击项目的良好形象。

2. 了解和掌握拳击运动基本技战术、通晓规则、熟练运用裁判法，在执判时能独立、正确、果断、及时判断。

3. 在裁判工作中，严肃、认真、公正、准确有效执行规则，尺度一致。

4. 努力加强业务学习，积极参加裁判工作实践，不断总结经验，努力提高裁判水平。

5. 坚持锻炼身体，强健体魄，胜任裁判工作。

二、竞赛技术官员工作方法

（一）技术代表

1. 资　格

技术代表必须要具有国家级以上裁判资格，具备较强的竞赛管理和领导能力。现役教练员、领队和直接从事拳击项目管理的相关人员不能担任国内比赛技术代表。

2. 工作职责

（1）赛前检查：赛前检查时，技术代表主要对竞赛计划与安排、竞赛组织工作是否符合规则的要求和中国拳击协会的相关规定、比赛场馆及配套设施、体检、称重、抽签场地、住宿酒店、比赛器材和设备的准备情况等进行检查。

（2）及时向中国拳击协会和组委会汇报比赛筹备情况。

（3）提前抵达赛区，指导和协助当地组委会做好赛前最后准备工作。

（4）主持赛前领队、教练、队医、裁判员和随队官员召开的技术会议。

（5）监督抽签、体检、体重和每日比赛安排。

（6）负责竞赛技术官员比赛中的工作安排及工作分配。

（7）监督比赛全过程，及时解决比赛中出现的任何问题。

（8）负责每日裁判员工作的总结和评估。

（9）如果台上裁判员或台下评判员未正当履行工作职责时，技术代表可与比赛仲裁协商更换裁判员。

（10）每次比赛后，书面总结本次比赛，尤其对竞赛技术官员工作进行全面总结，实事求是分析优缺点，以利于不断提高工作水平。

（二）仲裁委员会

1. 组　成

在国际比赛中，根据比赛级别和性质，仲裁委员会由相应的国际组织任命；在全国比赛中，由国家体育总局任命。

（1）人数：除决赛外的各单元比赛中仲裁委员会由 3 人组成，设 1 名仲裁主任。

（2）中立性：仲裁委员会成员应来自各个不同的单位，各队领队、教练员和直接从事拳击项目管理的相关人员不能参加仲裁委员会工作。本单位运动员比赛的场次，仲裁委员会成员应该回避。

（3）要求：在全国比赛中，仲裁委员会成员必须由精通竞赛规则、裁判法和富有裁判工作经验的国家级以上裁判员担任。

（4）场上位置与岗位轮换：比赛中不允许没有临场工作的仲裁委员会成员就座于比赛仲裁席上。

2. 工作职责

（1）比赛开始前检查场地器材的准备情况。

（2）根据技术代表的工作安排，做好相关工作。

（3）安排组织竞赛技术官员赛前实习，以达到工作的最佳状态。

（4）负责比赛的抽签工作。

（5）主持比赛期间每日的体检和称重，并在手册上签名。

（6）仲裁委员会要对每一场比赛的台上裁判员和台下评判员的工作进行仔细观察。如果台上裁判员或台下评判员出现不符合规则的错判、漏判，比赛仲裁可在恰当的时机给予提示；如再不能正确执行规则时，立即向技术代表汇报，对裁判员进行更换。

（7）如果台上裁判员的判罚明显违反了规则，可以更改或取消错误的判罚。

（8）负责比赛裁判员抽签的监督工作，并审核每场比赛裁判员名单。

（9）每场比赛结束，仲裁主任要把比赛胜负结果，胜负形式填写在仲裁宣告表上，通告宣告员如实宣布，并举起胜者的红或蓝牌示意台上裁判员。

（10）每天比赛结束后，根据比赛记分系统对裁判员的评估结果，结合仲裁录像中裁判员出现的问题，仲裁委员会要对当日比赛情况及裁判员综合工作表现向技术代表进行汇报，并提出对裁判员的表扬和处罚意见。

（11）在比赛中如发生意外，致使比赛不能正常进行，仲裁主任有权停止比赛，采取措施直至恢复正常后继续比赛。

（12）决赛每个级别颁奖仪式前，仲裁主任宣布该级别获奖运动员的名次、姓名、代表单位。

（13）处理申诉：运动队如对比赛胜负有异议，仲裁主任有权决定是否受理。如受理申诉，应召开仲裁委员会会议，认真审议录像，以讨论后的多数意见为准，写出书面答复，通知相关单位并报送组委会。

（三）台上裁判员

在拳击比赛中，台上裁判员是一场比赛的具体组织者；台上裁判员水平的高低直接关系到运动员技术、战术的发挥，并且影响着运动员胜负的判定。拳击比赛是一项对抗性较强的运动，台上裁判员应严格按照规则，对双方运动员的犯规动作进行制止和判罚，使运动员正确的技战术得以发挥。作为一名台上裁判员，首先应具有良好的职业道德，具有公正无私、秉公执法的思想品质，做到严肃、认真、公正、准确。

1. 台上裁判员应具备的基本条件

（1）台上裁判员应明确其首要职责是保护好比赛双方运动员，特别是防止较弱的运动员遭受过度和不必要的击打。

（2）熟悉竞赛规则，掌握拳击运动的基本技战术，钻研业务，不断提高判断能力和应变能力，正确区别拳击技术及犯规动作。

（3）保持对比赛各阶段的控制，维持比赛的流畅及观赏性。

（4）在任何情况下都应确保比赛公正、公平地进行。

（5）应具备良好的身体素质。台上裁判员在比赛前都要进行体检，以检查其身体状况能否胜任在拳击台上执行裁判工作的需要。台上裁判员的视力至少需要达到0.6，在比赛过程中不得戴眼镜，但允许戴隐形眼镜。

（6）保持冷静的头脑，判罚准确、果断。

（7）既要具备裁判的理论素质，又要有拳击执裁经验，而且在实践中能胜任台上裁判的工作。

（8）要有自己的主见，不受外界的干扰，对双方运动员一视同仁。

（9）注重学习、提高修养，及时掌握和了解拳击项目发现动态。

2. 台上裁判员的服装

台上裁判员应身着白衬衫配黑色领结、白色长裤、轻便平跟鞋或靴，如果气候炎热、可以不戴领结。台上裁判员可以在衬衫上佩戴证明其裁判等级的标志，但眼镜、手表和其他一些金属物品等不能佩戴，腰带的金属头要移至侧面或后面，执裁时可佩戴外科手套。

3. 比赛开始前台上裁判员的工作

（1）上场前检查自己的装束是否符合比赛的要求，由中立角台阶进入拳台，面向计时员自然站立。

（2）检查拳击台的状况是否完全符合比赛要求。

（3）检查运动员是否按规定着装，监督运动员佩戴头盔的全过程，检查运动员是否佩戴护齿，拳套情况是否良好，运动员面部是否清洁。在男子运动员比赛时，要检查运动员是否佩戴护裆（用手背碰一下）。

（4）召集运动员到拳台中央，双方握手后退后本角。

（5）逐一向各评判员、医务仲裁、电子裁判、比赛仲裁示意比赛是否可以开始。

（6）得到比赛仲裁同意后给计时员手势，发出“BOX”口令，比赛开始。

4. 回合休息时台上裁判员的工作

（1）在每个回合结束锣声响后，台上裁判员应立即发出中止比赛的口令“STOP”，同时迅速插入双方运动员中间，示意运动员退回本角。

（2）回到中立角面向比赛仲裁和计时员站立，并注意比赛仲裁对前一回合台上裁判工作的提示。

（3）在回合休息的 1 分钟内须要求运动员面向拳台内，注视双方运动员及其助手的所有动作，注意观察双方运动员是否有局部损伤，出血等现象，并可与医务仲裁进行沟通。

（4）当计时员发出“助手退场”的信号时，走到拳台中央，并示意助手立即离开拳台，锣响同时立即发出“BOX”口令。

5. 比赛结束后台上裁判员的工作

（1）比赛结束后，回到中立角面对比赛仲裁站立。

（2）待运动员摘掉头盔和拳套后，走到台中央，召集双方运动员并检查护手绷带是否加盖 OK 章。

（3）用手轻握运动员手腕等待宣告。

（4）宣告员未宣告胜负之前，不许对运动员有任何暗示。待宣告后方可举起胜者的手臂。

（5）示意运动员双方握手后退场，退场前允许双方运动员向裁判员及对方助手握手致意。

（6）待运动员退场后再从中立角台阶退场。在一场比赛中台上裁判员应第一个进场、最后一个退场。

6. 关于台上裁判员在拳台上的站位和移动

随着现代拳击比赛节奏的加快，要求台上裁判员有能力跟上运动员的移动，自己总是处于最合适的位置。

正确的站位首先要求台上裁判员要侧身对运动员，运动员移动，并保持合适的距离。时刻都要用目光追逐双方通过不断改变自己的位置，双方运动员的技术动作。在移动过程中，尽可能不阻碍仲裁，也不能妨碍运动员的比赛。在移动中要自然放松，移动方向时，可以转体 180 度。如果一方运动员是左撇子，则要求台上裁判员尽量移动至双方运动员的内侧。当处于双方运动员的外侧时，应快速移动到最佳位置。

在下列情况下台上裁判员要保持较近的距离。

（1）双方运动员激烈近战时。

（2）当赛场声音嘈杂时。

（3）当一方运动员或双方运动员过度兴奋时。

（4）比赛临近结束，双方运动员处于疲劳状态时。

7. 关于终止比赛

根据规则规定，台上裁判员遇到下列情况之一时，有权宣布终止比赛。

（1）当一方运动员出现实力悬殊时（为了使运动员避免遭受过度的击打）。

（2）当运动员受伤，医务仲裁提出不能继续进行比赛时。

（3）运动员被警告 3 次或直接取消比赛资格时。

（4）运动员被强制数 8 的限制时。

（5）运动员遭到重击或意外情况发生使比赛无法进行时。

台上裁判员终止比赛后应进行如下几项工作。

（1）示意双方运动员到中立角。

（2）向比赛仲裁讲明终止比赛的原因。

（3）召集运动员至比赛场地中央，待宣布胜者后将其手举起（若某一方运动员受伤无法继续留在拳台内，只将胜者招来即可）。

（4）比赛期间因一方运动员受伤而中断比赛时，运动员能否继续比赛，台上裁判员应征询医务仲裁的意见。当发现一方运动员受伤时也应观察另一方运动员是否受伤。

8. 关于取消比赛资格

（1）取消比赛资格是对运动员最严厉的判罚，只有在运动员及其助手严重犯规并造成不良后果时，才能行使该项权力。

（2）台上裁判员若发现运动员不积极主动进攻，则可根据情况取消一方或双方运动员的比赛资格。

（3）台上裁判员对运动员取消比赛资格的程序：应首先中止比赛，向比赛仲裁报告，经同意后示意双方运动员退回本角，等待宣判。

9. 强制数“8”

是给运动员一个恢复体力，甚至挽回失分赢得比赛的机会。虽然一方运动员已站立，但已无力招架对手的重击时，台上裁判员可认为他已被击倒，因为台上裁判员的首要职责是保护运动员的安全防止弱者遭受过度的重击。

有关击倒的处理程序如下。

（1）台上裁判员立即中止比赛，并开始数秒（间歇一秒钟），同时示意另一方运动员退至中立角。

（2）数秒时，应处于合适的位置，以便能观察到被击倒一方运动员，同时兼顾另一方运动员。数秒时不能离倒下的运动员太远，如果另一方运动员没有退至中立角时，则要暂停数秒，待退至中立角后，继续数秒。应用英语数秒，并伴有手势的示意动作。

（3）即使被击倒的一方在“8 秒”之前已恢复并准备比赛，台上裁判员也要数到 8 秒为止。数到 8 秒后，台上裁判员认定可以比赛，即发出“BOX”的口令。如果被击倒的一方在数到 8 秒还未能恢复，不具备继续比赛的能力，则台上裁判员应继续数到 10 秒，然后宣布被击倒者“KO”失败。并向比赛仲裁报告。待宣布比赛结果后举起胜者的手。

（4）如果运动员被击倒而不省人事时，可以先数“One”然后马上召集医务仲裁进入围绳处理，稍后向比赛仲裁报告。

（5）强制数“8”秒，重新开始比赛，在未受到对手任何击打再次倒下，台上裁判员应从“9”开始继续数到“10”，然后宣布被击倒者失败。

（6）比赛时运动员被对手犯规拳击倒，台上裁判员也应对被击倒者数秒，然后视情节轻重给予警告或取消犯规运动员的比赛资格。如果台上裁判员无法确定击倒情况是否犯规，可征询各评判员的意见，根据评判员的意见向比赛仲裁提出判定结果。

（7）半决赛或决赛中如果双方运动员在同时被击倒，则台上裁判员同时对双方运动员数秒，若数到 10 秒均不能恢复比赛，比赛的胜负应根据比赛终止时有效点来评定，多者为胜方。

台上裁判员的口令应准确、清楚、自信，出现被击倒或击昏的情况时，不要惊慌，应镇定果断的判定。由于一方运动员头部遭到对手一连串的猛击而无力招架比赛时，台上裁判员应终止比赛，同时宣布 RSC – H。如果一方因受伤而被医务仲裁终止比赛时应判为 RSC – injury。如果一方因实力相差悬殊被台上裁判员终止比赛时应判为 RSC – outclass。

关于台上裁判员对被击晕运动员的处理见医务仲裁对运动员受伤的判定程序第 3 条。

10. 台上裁判员使用的三个口令

（1）“BOX”（开始）：命令运动员进行比赛。

（2）“STOP”（停止）：命令运动员停止比赛。

（3）“BREAK”（分开）：命令运动员各自后撤一步，继续比赛。

无论在什么情况下台上裁判员都不要怯场，口令必须清楚，声音洪亮而果断。当出现犯规动作时、一方运动员受伤时，或一方运动员服装护具受到破坏等情况下要发出“STOP”口令。但应注意，“STOP”的口令用得太多会破坏一场比赛的连弱的运动员可能会由于台上裁判员没能及时喊停而受到对方重击后倒下，或者运动员在半昏迷情况下，由于台上裁判员没有及时中止比赛而有可能受到更进一步的击打。当双方运动员靠在一起，没有使用拳击技术动作，也没有出现犯规动作时，台上裁判员应发出“BREAK”口令，使用这个口令时双方运动员应向后各退一步，继续比赛。“BREAK”口令虽然在一场比赛中还是比较容易做的，然而一个好的台上裁判员从不滥用“BREAK”。有时不要过早地喊“BREAK”，这样往往会破坏运动员战术的运用。

“BOX”的口令应用于每个回合比赛开始时，同时在一场比赛中如发出“STOP”口令后，再继续比赛时应使用“BOX”的口令。

11. 关于犯规动作的判罚及手势

犯规是指击打禁止部位和其他违反规则的行为。为了判罚正确，台上裁判员必须了解拳击的技战术，对运动员的犯规行为，做出相应的判罚。

对犯规动作的判罚：一是告诫，二是警告，三是取消比赛资格。

“告诫”属于对运动员比赛中不合理动作或轻微犯规的劝告或提醒，通过告诫，避免运动员严重犯规。台上裁判员可在不中断比赛的情况下，利用适当而又安全的时机，对犯规运动员提出告诫。

“警告”如果运动员犯规程度较为严重，台上裁判员应中止比赛，对犯规者给予警告。警告前，台上裁判员要命令双方运动员暂停比赛，示意运动员犯规的类型和次数并以手势向各评判员示意，判罚警告及被警告的运动员。“警告”后，台上裁判员应发出“BOX”的口令，命令运动员继续比赛。“警告”后，如运动员再次犯规因他的助手犯规而受到第二次“警告”，除同第一次警告一样外，还应用手势示意运动员警告的次数。如果运动员被第三次警告时，应停止比赛，同时向比赛仲裁和台下各评判员发出第三次警告的手势，然后让双方运动员退至中立角，向比赛仲裁报告。

在一个回合中，运动员同一类型的犯规被告诫 3 次后，就要警告一次。在警告后仍有同一类型犯规时，程序必须清楚明确，避免台下评判员误解。

正确的程序如下。

（1）台上裁判员发出“STOP”口令，命令双方运动员停止比赛。

（2）示意犯规运动员的对手退至中立角。

（3）把犯规运动员召集至拳台中央，示意其被警告的原因。

（4）依次向五名台下评判员示意。

（5）再次向犯规运动员示意其被警告原因。

（6）发出“BOX”口令，开始比赛。

以上程序应维持在 10～15 秒内完成，既要避免因处理过急而造成含糊判罚，又要避免因处罚时间过长导致延误比赛。

常见犯规动作，根据临场情况归纳说明如下。

（1）利用开掌、掌心、掌根或用拳套侧面进行击打

这是一种经常发生的犯规动作，一般在击打摆拳时发生，有时也出现于后手直拳，平勾拳击腹时。

产生犯规的主要原因：①击打摆拳时，肘部低于拳峰部位，造成开掌、掌心、掌根击打；②击打摆拳时，手腕松弛，手腕过于翻转，造成用拳套背面进行击打；摆拳击打时掌心向侧，在发力时手臂没有内旋转腕，造成用掌心击打：③后手直拳技术变形，在出拳时掌心朝前，而击打轨迹不是直线，而是由上向下用掌根击打；④勾拳从外向内击打，掌心朝向击打落点，造成掌心、掌根击打。

判罚要点：台上裁判员应注意摆拳击打的线路和落点，如果出现上述犯规动作

应立即给予“告诫”或“警告”，如果犯规拳造成严重后果，应立即取消运动员比赛资格。

（2）夹抱对方

此动作通常出现在近距离击打、体力不支或由于远距离击打后失去重心时，运动员容易用手臂夹住对方的臂、头、身体或肩部。

（3）推人

这种犯规通常在近战或围绳角落处进行击打的情况下发生，运动员常会推对手并向前进，这种情况常能造成双方运动员之间的扭打，台上裁判员应给予犯规运动员判罚。

（4）下潜过低

这种犯规往往发生在个子矮小的运动员的比赛场合。当一方运动员头顶部低于腰带以下就视为下潜过低，但类似情况发生较少，常判罚为“头前冲”。

（5）头前冲

此犯规动作常在近距离交战中或双方逼近时出现，这是拳击比赛中头部的危险动作，容易给对方和本人造成伤害。

产生犯规的主要原因：①基本功不扎实，步法不灵活，重心不在两脚之间；②出拳时不蹬地转髋，而是靠上体和头部前冲；③在对方进攻时，想要顶撞对方，破坏对方的进攻。

判罚要点：当运动员头顶向前，面部向下，头部在双拳后面，头部超过前脚脚趾时就可以判他犯规，但在判罚中一定要将头前冲和正确的闪躲防守技术严格区别开来。但在犯规者没有接触到对手并造成后果时，台上裁判员不必中止比赛，可在适当时机向他提出“劝告”。

（6）踩脚或抬膝过高

运动员踩住对方脚进行击打，台上裁判员将做出踩脚的动作，向犯规运动员提出劝告。抬膝过高属于危险动作，台上裁判员应及时提出“告诫”或“警告”。

（7）击打腰带以下

产生犯规的原因：运动员击打点不准确，或有意伤害对方。

判罚要点：击打必须在腰带线以下。

（8）击打后脑、后背

此犯规动作是由于远距离摆拳、近距离平勾拳击打时，对手头部在拳套内侧转体、转头而造成把背或后脑暴露给击打方。

判罚要点：①必须击打在脑后或背后，击打必须清晰；②如果是由于对手转体、转头而造成的无意击打脑后，不算犯规，而应判转体者犯规。

（9）“BREAK”口令后，不退后一步

当运动员在比赛中处于高度兴奋状态，有时听不到裁判员的口令，有的运动员听到口令后有意不退后一步，并击打对方。

判罚要点：“BREAK”的口令必须在双方运动员靠在一起，并且没有使用任何拳击技术动作。

（10）抡打和旋转身体击打

此动作多发生在初学者或技术动作不规范的运动员身上。

判罚要点：双手抡臂击打；利用身体旋转的力量进行击打。

（11）利用围绳力或抓住围绳进行击打

有时运动员利用围绳的弹力将自己推开，并向一边移动保护自己，这是允许的。如果运动员利用围绳的弹力来进行击打，裁判员应中止比赛，给予判罚。如果一手抓住围绳，另一手进行击打，同样属于犯规动作。

（12）击打倒地运动员

击打倒地或正在起立的运动员，台上裁判员应立即中止比赛，提出警告。这种行为是违反体育道德的，应立即给予制止。如果造成后果，可以取消犯规者的比赛资格。

（13）挑衅性举动

这种犯规不常发生，如做出挑衅性的行为或语言来刺激对方，或对裁判员有不礼貌行为，应给予犯规者告诫、警告甚至取消比赛资格。

（14）消极

消极是指没有进行比赛的主动意识。一味采取防守战术，裁判员应发出“STOP”的口令，劝告一方或双方运动员积极进攻。如果一方或双方运动员仍继续采用防守战术，则应给予警告甚至取消比赛资格。

（15）用肘或前臂击打对方

关于用肘击打对方的犯规动作较少，裁判员发现一方运动员故意用肘或前臂击打对方时，可以取消其比赛资格。没有产生严重后果，则可给予“告诫”或“警告”。如果一方运动员不是主动用肘或前臂击打对方，而由于对方运动员头部撞到肘部，则不视为犯规。

（16）故意吐护齿这种情况经常发生在比赛最后阶段，产生犯规的原因是运动员体力不支，供氧不足，呼吸急促，必须张嘴呼吸来摄取更多的氧气。

判罚要点：首先要分清是否是故意吐护齿，如果是因受到对方击打导致护齿呈抛物线轨迹落地可不判为“故意吐护齿”，如果是没有受到击打而故意吐出护齿，来提高摄氧量或把护齿拿在手上应直接给予警告。无论任何原因致使护齿三次脱落，将给予警告。

（17）当台上裁判员下达“STOP”口令和停止比赛锣声后继续击打对方，根据犯规的严重程度分别给予“告诫”“警告”“取消比赛资格”的判罚。

（18）摔抱对方

此犯规动作往往发生在两名运动员扭抱在一起，其中一名运动员用角力动作抱摔对方。

判罚要点：如果一方或双方运动员使用角力的动作，可给予一方或对方“劝诫”或“警告”。

（19）靠压对手

这种情况常出现在矮小队员与高个队员在近距离击打、双方贴靠在一起或双方运动员靠近绳角。

判罚要点：用手臂压对手头部、颈部；上体靠压在对手肩部、胸部。

12. 台上裁判员的权力

（1）在比赛的过程中，当台上裁判员认为双方实力相差悬殊时，随时可以终止比赛。

（2）如果一方运动员受伤，台上裁判员认定伤势严重无法继续比赛时，在征询医务仲裁的意见后，可终止比赛。

（3）如果台上裁判员认为运动员消极比赛，经告诫或警告后仍无效果时，可立即终止比赛，取消一方或双方运动员的比赛资格。

（4）对于不立即执行台上裁判员口令，对台上裁判员有挑衅或攻击行为的运动员，直接取消其比赛资格。

（5）取消违反规则的助手的资格，如助手不听从台上裁判员口令，可取消其运动员的比赛资格。

（6）对有严重犯规行为的运动员，无论事先有无警告，可取消其比赛资格。

13. 对缺席弃权者的处理方法

一方运动员由于种种原因未能出场比赛，台上裁判员应履行以下程序。

（1）如果比赛开始前，某运动员已明确告知弃权，台上裁判员召集另一运动员至拳台中央，当宣布比赛结果时，将胜者手举起示意观众。

（2）比赛开始时，若一方运动员未到场，台上裁判员也应按正常比赛进行，示意计时员敲锣的同时喊“BOX”，1 分钟后再次敲锣，终止比赛，台上裁判员向比赛仲裁报告，召集另一运动员至拳台中央，当宣布比赛结果时，将胜者手举起。

（3）如果迟到运动员在第一次锣声响后 1 分钟内出场，比赛仍按原计划进行。

14. 对台上裁判员的忠告

（1）研究、精通规则，认真总结每场比赛工作。

（2）平时多练，赛时多实践。

（3）积极参加各类培训和研讨。

（4）对双方运动员一视同仁，不怯场。

（5）执裁过程中要稳重，站立移动中，尽量避免背向比赛仲裁。

（6）自信、不犹豫、口令要响亮、果断，尤其对犯规的处理要及时、准确。

（7）上场前可佩戴医用橡胶手套，同时带一些棉花或纱布，放在上衣口袋中以便擦拭运动员的鼻血等，用完放到中立角的小袋中。

（8）要有连续做台上裁判员的准备，因此在整个赛期应保持良好的体力与精神。

（四）评判员

评判员的工作职责是根据国际拳击联合会制定的拳击技术与竞赛规则的规定独立工作，评定双方运动员的得分。在拳击比赛中绝大部分的比赛胜负是由分数来判定，所以评判员的工作对拳击比赛胜负起着重要作用。

得分拳的标准：必须在没有格挡、阻挡或防御的情况下，用任何一只手握紧的拳套拳峰部位，直接击打在对方头部或腰部以上部位的正面或侧面。摆拳如按上述的要求击中也为得分拳。这样正确的击打每击中一次得 1 分。

头部有效部位：额头发际以下两侧、耳朵延长线（包括耳朵）前面部位。

躯干有效部位：腰部以上部位的正面或侧面（女子运动员的胸部为无效击打部位）。

1. 评判员的工作位置

（1）五名评判员分别坐在拳击台下面不同的位置，评判员的座席要靠近拳击台保证能清楚地看清拳击台上比赛情况。

（2）评判员上场工作的位置是由抽签来决定，在上一场次比赛的最后一个回合开始前到预备席就座候场。到自己的工作场次时应在参赛运动员入场前就位，至比赛结束宣布胜负后方可退场。

2. 评判员应具备的条件

（1）具备良好的观察、判断、视听、记忆能力，反应灵敏。

（2）熟悉比赛规则，并能正确熟练地运用。

（3）精通拳击技术、战术，能正确地区分拳击技术及犯规动作，当出现双方快速攻防变换互有击中情况时，要根据场上比赛的实际情况给双方的正确击中记分。

（4）独立评判，不受外界干扰，对双方运动员一视同仁，不受运动员名望影响，不受观众喝彩、鼓掌、起哄的影响，不受运动队示意分数手势的影响，完全按自己的观察、判断来记分。

（5）评判员连续工作不宜超过 3 场。

3. 评判员的工作原则

（1）工作时要集中精力、公正执法、不得有任何私心杂念。

（2）对每一场比赛的红蓝双方记分尺度要一致，在各场次记分的尺度要一致，台下五名评判员的记分尺度也要一致。

（3）不要事先预估比赛双方谁强谁弱，也不要因运动员之前比赛表现而主观判断，应实事求是地在每个回合比赛的所有时间内正确评分。

（4）不要只注意进攻忽略还击，也不能只看到还击忽略进攻，不要只注意了后手强有力的击打而忽略前手有效的打手，不要只注意头部的击打而忽略身体的击打。

（5）除在回合间休息时对台上裁判员没有注意到的情况进行提醒外，在比赛的全过程中不能与人交谈。

（6）观察比赛时要将双方都置于自己的视野范围内，不能只看一方，一定要自己明确地看到有效击中才可以记分，不能仅凭推测。

（7）当台上裁判员询问某项事情时，必须实事求是地说出自己的观点，不许有“没看到”这样的模糊回答。

4. 电子裁判器的使用方法

（1）电子记分盒应放置在评判员工作台上，下方的键左红、右蓝用来记分，评判员双手扶住记分器用左、右手的手指按键。看到得分拳立即按红、蓝相应的键，动作要果断、及时。如果双方互相同时有效击中则同时按红、蓝双方的键，若组合拳连续有效击中对方应连续按键。

（2）记分盒上方是警告键，同样是左红、右蓝。台上裁判员示意对某运动员警告时，评判员必须立即按相应的警告键。

（3）一场比赛结束，如果总有效分打平，小分也打平。那么评判员就必须在比赛仲裁口令下，按下他认为占优势一方的记分键，由此来决定胜者。

（4）每个回合比赛的得分，不在回合间实时显示，而是在回合结束后系统显示，比赛的得分根据五名评判员中比分最接近的3名评判员的平均分作为最后成绩。

5. 电子裁判器发生故障后的工作方法

如果一场比赛进行中电子裁判器发生故障，一时无法修复，将采用人工记分器来工作。具体的方法：将五名评判员的人工记分器上的红、蓝双方的记分分别去掉最高最低分，相加除以三得平均分与电子裁判器发生故障前的红、蓝双方各自总有效分相加评定出胜负。如果相应后得分相同，则由比赛仲裁根据比赛情况决定胜负。

（五）计时员

计时是拳击竞赛中一项必不可少的裁判工作，也是保证比赛公正准确的一种体现。对计时员的要求：一般为二人，一人负责秒表或电子计时装置，另一人负责笛或锣。计时员应熟悉比赛规则和台上裁判员的口令等，以便在台上裁判员做出适当手势时能够领会，协助台上裁判员进行工作。台上裁判员数秒时，即使该回合结束，计时员也不能鸣锣，只有当台上裁判员下令“BOX”时，方可鸣锣。

计时员应稳健、镇静、注意力集中，不能受任何激烈比赛的影响，准确无误地把时间从比赛时间中扣除，以确保每回合的实际比赛时间，使比赛顺利进行。

目前国内、国际比赛的计时大多采用电子计时，但计时员手中还应备有两块秒表，以防止意外事故的发生，例如停电，电子表发生故障时，可及时改用秒表计时。

（六）编排记录员

编排记录员虽不直接参与评判胜负工作，但编排记录工作意义重大，不容忽视，编排记录应精通熟悉竞赛规则及裁判法。

1. 编排记录员的职责

（1）检查运动员的报名单，统计好每个级别参加的人数。

（2）填写运动员手册。

（3）抽签工作的整体安排并付诸实施。

（4）抽签后比赛的顺序表，经技术代表批准后向运动员公布。

（5）准备好竞赛所需各种表格。

（6）将每天比赛的结果及时公布。

（7）编印成绩册。

2. 对编排记录员的要求

编排记录员应在比赛报名工作截止后开始准备工作，根据参加比赛人数的多少，事先准备好各种表格。

在裁判员和领队教练员联席会议上，编排记录员要担任记录工作，并向运动队核实参赛运动员名单和级别。根据规则，除全体称重时间为 2 小时外，其余比赛日均为 1 小时，为此，编排记录员要事先准备运动员称量体重表，称重后收集运动员手册，并根据最终确定的参赛运动员人数及参赛级别调整详细竞赛日程，并在抽签结束后及时准确分发竞赛日程。

在比赛过程中，编排记录员应每天参加称重，收发运动员手册。在每单元赛前将单元顺序表等比赛相关表格分别放置仲裁委员席、竞赛监督组及检录处。编排记录员要坐在指定位置上，将比赛结果及获胜方式填写到运动员手册上，及时将双方或一方运动员手册归还。

赛后将各级别获奖运动员名单提供给比赛仲裁，最快时间内打印成绩册，分发给各运动队。

（七）检录员

检录是比赛开始前的第一环节，检录员要及时召集比赛运动员，对运动员比赛服装和器材进行检查，以保证比赛按时进行。

1. 检录员的职责

（1）在赛前整理好各种比赛所需器材。

（2）比赛前在检录处按运动员比赛顺序检录，向比赛仲裁报告未参赛运动员，并通知编排组。

（3）检查运动员是否佩戴饰品及刺青。

（4）检查运动员的护手绷带，拳套，服装及护头是否符合规则要求。

（5）准备若干条三种颜色的 10 厘米宽的弹性标准腰带。

（6）通知并带领运动员准时入场。

（7）负责申诉表的发放。

（8）及时召集获奖运动员候场与颁奖。

（9）赛前将红、蓝拳套，头盔各一副放置比赛仲裁席。

2. 对检录员的要求

（1）一个拳台比赛时，检录员至少应有 5 ~ 6 人。

（2）至少在比赛前 30 分钟到达比赛场地并准备好比赛器材，开始检录。

（3）发放护手绷带、拳套及头盔。护手绷带及拳套经检查合格后加盖“OK”章，将运动员按红、蓝角引领至候场区。

（4）对运动员自带头盔，检录员请求比赛仲裁，经允许后方可使用。

（5）如运动员比赛服装腰带标志线不明显，则必须提供不同颜色10厘米宽的弹性腰带。

（6）当比赛运动员入场后，检录员应及时召集下一对运动员候场准备。

（7）运动员比赛结束后，要及时回收拳击手套，头盔进行清洁和烘干。

（八）宣告员

宣告员由比赛组织委员会负责聘请。宣告员应熟悉拳击竞赛规则，能够讲标准的普通话。参加国际赛事的宣告员应能够使用多种语言进行交流，英文必须熟练掌握，并拥有一定的播音经验。宣告员的职责：宣布竞赛的内容和比赛场次；介绍比赛技术官员；介绍比赛运动员，并宣布比赛每回合的开始和结束，比赛结果在得到比赛仲裁同意后进行广播。

（九）医务仲裁

大型拳击比赛设置医务仲裁组。其成员必须是持有中国拳击协会及国家体育总局职能部门培训考核后颁发证书的拳台医生。医务仲裁的职责是最大限度地保护运动员的健康和安全。判定运动员是否能参赛或继续参加比赛，并在运动员发生严重损伤或意识丧失时提供简便急救措施。

1. 医务仲裁的责任

（1）检查体检场所：保证体检场所具有足够的空间；能够直通称重室；具备采暖设施；具有良好的光线和通风；具有足够数量的桌椅。

（2）在所有比赛中，运动员赛前体检都应有医务仲裁的一名成员在场。

（3）医务仲裁应依据国际拳联医务手册的要求对参加体检工作的医护人员给予技术指导。

（4）医务仲裁对运动员伤病情况的诊断为最终决定。

（5）医务仲裁负责指派一名成员监督兴奋剂检查程序，检查兴奋剂检测室是否符合要求。

（6）医务仲裁负责对裁判员进行体检，并记录检查情况。

（7）负责检查比赛急救方案及赛场医疗小组组建情况，确保组委会提供氧气，担架及其他急救设备，人员疏散设备及路线图，提供救护车和指定医院。

（8）每场比赛至少有一名医务仲裁在场。

（9）应指导裁判员判定运动员受伤情况。

（10）认为运动员因伤势无法继续比赛时，应通知比赛仲裁终止比赛。

2. 对医务仲裁的要求

根据国际拳联规则规定，每次比赛使用一个拳台时，大会需任命 2 ~ 3 名医务仲裁。但最多只有 2 名医务仲裁轮流做临场监督。使用 2 个拳台时，每个拳台也最多 2 名医务仲裁轮流担任临场监督。

在体检前，医务仲裁要审查报名运动员的拳击《运动员手册》、核查年度体检或运动员所在地区市级以上医院的体检材料，包括脑电图、心电图、常规体检表、肝功能、血、尿常规等。对初次参加拳击运动训练的运动员要进行严格的、全面的体格检查，并按照手册上的医学要求填写清楚，由医生、所在单位负责人签字后加盖公章。

比赛开始前，医务仲裁在靠计时员的中立角处依序就座，密切注视场上比赛情况的变化。拳台医生负责与台上裁判员联系，根据运动员受伤症状，判定该运动员是否能继续比赛，负责记录场上受伤情况，并负责与仲裁委员会联系有关事宜。医务仲裁组要与仲裁委员会及台上裁判员密切合作。每场比赛的拳台医生必须具有中立性。

医务仲裁在赛时阶段应自始至终参与整场比赛，进行临场医务监督，直至最后一场比赛结束两名运动员离开拳台后，才能离开比赛现场。

医务仲裁负责组织医护人员对已经取得报名资格的运动员在规定时间内进行赛前体检，体检合格者方可称量体重、抽签。体检不合格者不得参赛。此外，对每天有比赛的运动员在规定时间内进行当日体检，体检内容包括：体温、脉搏、血压、瞳孔对光反射、牙、口腔黏膜、脸面部皮肤破损、痈肿炎性反应、胸、腹部、四肢关节、腱反射等。

赛前体检或当日体检合格后，均由医务仲裁组的拳台医生签字后才允许进行称量体重。

3. 医务仲裁对受伤运动员的判定程序

（1）当运动员受伤，台上裁判员可请拳台医生进行诊断、判别。台上裁判员面向医务仲裁席，示意拳台医生上台，对受伤运动员进行检查，决定是否可以继续比赛。

（2）回合间，拳台医生有权请求比赛仲裁和台上裁判员，要求对某运动员进行检查。在下个回合开始后，台上裁判员中止比赛，医生进行检查，但检查时间不得超过 1 分钟。

（3）当发生严重伤害事故时（如击昏），台上裁判员向医务仲裁示意。医务仲裁进入拳台后，首先取出受伤运动员护齿、摘下头盔进行检查，这时比赛即告终止。有些检查可由场上医疗小组在医务室进行，并给予相应治疗。如果因条件关系医疗小组不能处理的，应及时转送指定医院诊治。因此，在比赛场内必须备有担架、简便氧气袋，比赛场外必须备有救护车，随时准备送受伤者去医院做临床检查及治疗。

（4）当一名运动员连续遭受重击时，拳台医生可根据运动员的眼神、脸色、肌肉情况以及步履、动作协调性的变化做出是否终止比赛的决定。经医务仲裁紧急磋商后，向比赛仲裁请求终止比赛。其后，做出书面决定交大会仲裁委员会。

三、抽签工作

国际国内拳击比赛的抽签必须在体检和全体称重结束后 3 小时内进行，并且必须与第一天第一场比赛间隔至少 3 个小时，奥林匹克运动会和全国运动会的抽签应在比赛前一天举行。抽签必须在所有参赛队伍代表参加的情况下进行。拳击比赛抽签方法有电脑抽签和人工抽签两种，在条件许可的情况下首选电脑抽签，电脑抽签可在除全运会外的各种国内比赛中使用，如果电脑抽签出现故障，可使用人工抽签。

抽签工作是严肃和细致的工作，绝对不能因为工作的差错而造成抽签的失败，由此带来的后果是不堪设想的。

（一）赛前做好抽签器材准备

抽签桶，乒乓球（参赛单位代码、阿拉伯数字），存放乒乓球的托盘，落实比较合适的抽签场地，包括电脑、投影仪、桌凳、抄稿纸等，配合电子记分系统做好电子抽签准备工作，并于抽签前一晚将初步确认名单交电子裁判和医务仲裁。

（二）确认参赛运动员信息的 3 个步骤

1. 根据各运动队报时的情况，确认各单位参赛信息。
2. 在领队、教练、裁判员联席会上再次确认参赛信息。
3. 全体称重结束后，最终确认参赛信息。

（三）抽签程序

1. 体检、称重完毕后的 3 个小时内进行抽签。

2. 根据实际参赛人数调整详细日程安排表。

3. 编好场序，配合电子记分裁判输入电脑。

4. 每个级别抽签前将级别参赛运动员名单完整报一遍，确认无误。

5. 按由小级别到大级别的顺序开始抽签。

6. 每个级别抽完后，由仲裁主任签字确认，并及时公布，依次类推。

（四）抽签办法

1. 奥运会抽签采用两步抽签，先由一名技术代表抽出参赛单位后，由另一名技术代表抽出该参赛单位的签号。

2. 国内抽签也分两步抽签，先由仲裁主任从所有参赛单位中抽取各级别的抽签代表，后分别由这些代表抽出各级别运动员的签号。

3. 如果采用电子抽签，也可由仲裁主任从所有参赛单位中抽取各级别的抽签代表，后由这些代表来操作计算机的开始、停止。

（五）关于比赛的抽签方式

1. 国际比赛抽签采用不设种子的淘汰轮次表，其特点是选取小于实际参赛人数的 2 的乘方数，当实际参赛人数不是 2 的乘方数时，采用抢号办法进行。而且抢号位均安排在下部，号位顺序从抢号第一场下排。

2. 目前在部分国内大赛均采用设置种子选手比赛形式进行。通过多年来的实践证明，这种比赛形式是可取的，有利于避免优秀运动员在比赛中提前相遇的情况。如采用这种设置种子选手的赛制，抽签方式如下。

（1）种子选手的确定：根据中国拳击协会颁布的种子选手设定方式，确定各级别种子选手。

（2）签号位的公布：由于要考虑种子选手分布的合理性，又要考虑编排原则中对种子选手照顾性。为此，签号位的分布形式将全面变动，但不论参赛人数怎么变化，一号种子在上半区的顶部，二号种子在下半区的底部，三号种子在下半区的顶部，四号种子在上半区的底部，设立种子选手的具体数额详见各赛事的规则规定。

（3）抽签顺序：抽签时，凡确定的种子选手便自然进入规定的签号位，不再抽签。如遇一个级别中同单位有两名运动员参加，可采用混抽的办法。也可将非种子选手放在种子选手对应的区域。如种子选手在上半区，那么非种子选手在下半区。反之相同。遇到上述情况采用哪种抽签办法详见规程规定或赛区决定。

（六）其　他

1. 如果在最后的体重级别抽签没有结束之前，出现错误或者不可避免的情况发生时，技术代表或仲裁主任有权决定对某个体重级别重新抽签。

2. 如果无计算机协助时，需在抽签前画好每个级别轮次大表，写好名签。在抽签的过程中，将名签粘贴到大表的签号位上。

四、拳击比赛的组织工作

（一）拳击比赛的意义

1. 拳击是奥运会的正式比赛项目，并在国际和国内广泛开展。

2. 通过举办比赛可以进一步推广和普及拳击运动，吸引广大群众特别是青少年参加拳击运动。

3. 通过举办比赛可以选拔和培养优秀运动员代表国家参加高水平拳击竞赛。

4. 通过比赛可以检验训练、教学效果，肯定成果、发现不足。

（二）拳击比赛特点

1. 拳击是按体重分级，激烈对抗的竞技运动，因此对竞赛的组织工作要求非常高。

2. 拳击是比赛双方互相击打、攻防争取胜利的竞技形式，既要准确评定胜负成绩，又要确保运动员的安全、健康。

3. 拳击比赛裁判员分工明确，工作强度大，互相之间要求密切配合，保证比赛顺利进行。

（三）拳击比赛的组织工作

我国的拳击竞赛是根据全年竞赛计划举行的。全国性的拳击比赛计划是由国家体育总局制订和颁布的，各级拳击比赛计划是由各级体育部门根据当地的实际情况而制订的。

全国性的拳击竞赛是由国家体育总局委托有条件的省、自治区、直辖市、行业体协、体育院校，以及社会各界联合举办，各级拳击比赛是由各级体育部门委托下一级体育部门举办的。

在举办比赛时，必须做好比赛的组织工作，它是一项极为复杂而又细致的工作。周密的组织工作是竞赛工作顺利完成的可靠保证。竞赛组织工作包括制订组织方案、撰写竞赛规程和建立组织机构等。

1. 制订组织方案

组织方案是根据比赛的目的和任务而定的，是比赛各项工作的依据，一般应包括如下内容。

（1）竞赛的名称及目的任务。

（2）竞赛的组织机构。

（3）竞赛的经费预算。

（4）组织工作计划和步骤。

2. 制定竞赛规程

竞赛规程是主办单位或承办单位根据竞赛的目的和任务拟订的，是比赛的指导性文件，是所有参加竞赛的单位和个人共同遵守的章程。在制定规程时要从实际出发，经过周密考虑做出决定。竞赛规程要明确，使相关单位和参赛人员能按照规程进行准备而不产生误解。全国比赛和大型比赛至少在赛前 4 个月下发竞赛规程，使参赛单位根据规程确定训练计划，并为参赛做各种准备。拳击竞赛规程的内容包括：竞赛名称、主办单位、承办单位、比赛日期和地点、比赛级别、报名办法、比赛办法、录取名次和奖励、报到相关事宜、医疗和兴奋剂、仲裁组成等。

3. 建立竞赛组织机构

为有效组织和管理赛事，在举办比赛时需要建立比赛组织委员会，以保证赛事的顺利进行。通过建立高效、精简的组织机构，做好比赛的一切准备工作，使机构的设置与竞赛性质与规模相适应。

组织委员会正副主任通常有当地政府、体育主管部门领导同志、拳击协会主席等同志负责担任。委员一般包括承办单位相关部门负责人、竞赛处负责人、仲裁委员会主任及各队领队。小型比赛只需要成立由举办单位领导人参加的竞赛委员会即可。

4. 各部门各阶段的工作

（1）竞赛前的准备工作

①竞赛处的主要工作：制定竞赛规程、印发报名单、审核报名资格、绘制各种竞赛表格、筹备奖品以及日常竞赛工作；编制比赛秩序册，其中包括竞赛规程、组委会名单、参加单位、运动员名单，竞赛技术官员名单、比赛日程表等；准备好比赛及训练所需器材，安排好各队赛前训练；协助竞赛技术官员做好赛前组织的会议和实习；召开领队、教练员和裁判员赛前联席会议；做好体检和抽签的各项准备工作。

②秘书处的主要工作：编制经费预算；安排好参赛人员的接待工作；做好开闭幕式等大型活动的组织工作。

（2）竞赛期间的工作

在竞赛过程中，各部门应根据工作计划、工作进度及工作需要，及时修正和完善计划。要严格遵守各项制度，做好日常工作，在工作中要深入实际，进行调查研究，随时发现问题，及时解决问题。抓好思想、作风、竞赛、生活等项工作，听取群众意见，及时改进工作。

①竞赛处的主要工作：配合仲裁委员会做好相关工作；确保比赛信息分发及时、准确；每人赛后清洁和检查各种竞赛器材，确保正常使用。

②秘书处的主要工作：做好比赛期间参赛人员的保障工作；做好安全保卫工作；定期召开会议，听取意见，改进工作。

（3）竞赛结束后的工作

在竞赛结束后，立即进行总结，并向相关主管部门提交总结报告。

①竞赛处的工作：编印成绩册，并及时分发各参赛人员；组织相关人员经验交流。

②秘书处工作：组织好颁奖仪式；做好参赛人员离开赛区的相关安排。

（4）竞赛场地管理要求

为了保证拳击项目比赛公正、平稳地进行，避免出现扰乱赛场秩序等现象的发生，现对竞赛场地管理做如下要求。

竞赛场地是拳击比赛的核心区域，组委会竞赛部拥有对竞赛场地的唯一管理权，只有在场地内执行工作的组委会工作人员、比赛技术官员和当场有比赛的运动员、教练员方可进入。当发生紧急情况，确需相关人员进入竞赛场地时，经竞赛部长同意可立即进入。

参赛人员注册：参加拳击比赛的运动员、教练员、技术官员、医生、工作人员、贵宾、志愿者等，需严格区分身份，并根据不同工作身份进行参赛人员注册。注册时需体现照片、姓名、性别、工作身份、所属代表队等信息，并在注册成功后发放人员注册卡。

比赛场馆分区及流线管理。

①比赛场馆分区：比赛场馆根据功能的不同划分成不同的功能区域，分为：比赛场地区、竞赛支持区、观众区、新闻媒体区、贵宾区等，各区域必须根据工作需要赋予准入通行证件。

②流线管理：不同区域所属人员参赛、工作、观看比赛时需执行不同行走路线，各流线不得出现交叉，赛区要根据竞赛场馆具体情况划分流线。

③分区管理：各分区出入口需设专人（志愿者、保安）检查人员注册证，无通行权限人员不得进入。

参赛运动员、教练员单元通行卡制度：为避免无比赛的教练员、运动员进入比赛场区，执行运动员、教练员单元通行卡制度。每天体检称重时，对当天有比赛任务的运动员、教练员发放当天的单元通行卡。根据运动队报名情况，原则上每名比赛运动员可以颁发3张单元通行卡。比赛运动员、教练员须将单元通行与身份注册卡同时使用方能进入比赛区域。

安保配合：赛区在竞赛场馆的安保人员需配合比赛场馆分区和流线管理工作，对于不服从管理的人员需采取强制措施进行管理。

思考与练习

1. 拳击运动员的参赛资格。
2. 如何判定拳击比赛胜负？
3. 拳击比赛中什么是有效得分？
4. 拳击比赛中哪些是犯规动作？
5. 拳击比赛中被击倒是如何数秒？
6. 拳击台场地与设备。
7. 竞赛技术官员必须做到哪几点？
8. 台上裁判员应具备的基本条件？
9. 国际国内拳击比赛的抽签。
10. 拳击比赛的组织工作。
11. 台上裁判员和台下评判员选拔。
12. 国际拳联比赛回合。

附　录

拳击运动中常用英文对照表

拳击	Boxing
比赛项目（男子）	events（m）
拳击	boxing；pugilism
拳击比赛	Boxing match；boxing competition
职业拳击	professional boxing
业余拳击	amateur boxing
49 公斤级（特轻量级）	Up to 49 kg（flyweight） Men
52 公斤级（最轻量级）	49～52 kg（bantamweight） Men
56 公斤级（次轻量级）	52～56 kg（featherweight） Men
60 公斤级（轻量级）	56～60 kg（lightweight） Men
64 公斤级（超轻量级）	60～64 kg（light welterweight） Men
69 公斤级（次中量级）	64～69 kg（welterweight） Men
75 公斤级（中量级）	69～75 kg（middleweight） Men
81 公斤级（重量级）	75～81 kg（light heavyweight） Men
91 公斤级（最重级）	81～91 kg（heavyweight） Men
91 公斤以上级（超重量级）	over 91 kg（super heavyweight） Men
人员	
拳击手	boxer；pugilist
职业拳击手	Professional boxer
业余拳击手	amateur boxer
进攻型拳击手	offensive boxer
防卫型拳击手	defensive boxer

续表

舞蹈性拳击手	dancer
快速拳击手	fast boxer
慢速拳击手	slow boxer；sluggard；sluggish fighter
耐击拳手	durable boxer
左撇子	southpaw
惯用左手的	left – handed
占优势的拳击手	effective aggressor
犯规拳击手	offending boxer
过度训练的	over strained
积极的	aggressive
助手	assistant
第二助手	assistantsecond
仲裁委员会	commission of refereeing and judging
裁判员	boxing official
台上裁判员	referee
台下裁判员	judge；ringside official
宣告员	announcer
技术规则委员会	technical and rules commission
技术官员	technical officer
检查员	inspector
拳击陪练	sparring partner
设施/装备	facilities/equipment
比赛厅	competitors’ room
拳击台	ring area；ring
拳击台台面	ring floor；floor
拳击台面帆布	ring canvas
拳击台台阶	ring steps
拳击台围绳	ring apron
拳击台绳子的拉紧状态	tension of the ropes

续表

拳击台围绳以外部分	apron
拳击台下	ringside
角桩	corner post
角	corner
红角	red corner
蓝角	blue corner
中立角	neutral corner
角凳	ring stool；corner stool
角垫	corner pads
靠绳	ropes
锣	gong
铃	bell
松香；松脂	resin
松香盘	resin tray
水桶	bucket
称重室	weighing – in room
绷带检查室	bandage inspection room
手套检查室	gloving room
显示系统	display system
记分器	scoring machine
电子记分器	electronic scoring machine
记分表	scoring paper
计时器	timing device
秤	scales
训练馆	training hall
拳击沙袋	training bag；heavy bag；punch sack；punch bag
不倒翁拳击沙袋	punching ball；punch ball
梨形沙袋	suspended bag；speed bag
速度球；梨形速度球	speed ball

续表

墙靶	wall punch pad
小梨球台	speed – ball platform
螺丝扣	turnbuckle
跳绳	skipping rope
急救箱	first – aid kit
橡皮膏	adhesive plaster
旋转座位	swiveling seat
背心	Vest；singlet
拳击短裤	boxing trunks
拳击鞋	boxing boots
弹力带	elastic waistband
绷带	bandages；hand wrap
护齿	gum shield
护裆	cup protector
护头；头盔	protective headgear；protective head guard
拳击披风	boxing robe
腰带	belt
毛巾	towel
海绵	sponge
拳击手套	boxing gloves
拳击练习手套	bag mitt；bag glove
十指手套	10 ounce glove
拳击练习手套；露指手套	catcher's mitts；punch pads
衬垫物	glove padding
规则/裁判	rules/refereeing
重量级	Weight categories；weight classifications
最大体重	weight limit
官方称重	official weigh – in
体重达到级别要求	make the weight（to）

续表

年龄限制	age limit
轮空	bye
绷带检查	hand wrap inspection；bandage inspection
手套检查	glove inspection
握手	shaking of hands
交换旗帜	exchange of pennants
场	bout
回合	round
拳击回合数	number of rounds
拳击比赛时间	duration of the contest；length of the bout
休息时间	rest period；rest interval；interval
完成全部四个回合的比赛	go the full four rounds（to）
开始！	Box！
停打	Stop！
分开！	Break！
时间到！	Time out！
撤离拳击台！	Clear the ring！
助手退场！	Seconds out！
退场	Out！
击倒	knock down（to）；drop（to）
被击倒	be knocked down
倒地	go down（to）
（被）击倒	KO
击倒不起（对手倒地 10 秒不能起立）	knock out（to）
被击倒不起	be knocked out
绝对胜利	knock out；KO
被击晕	standing knockout
开始计时	take the count（to）
数秒	count

续表

数 8 秒	count of eight；eight count
数 10 秒	count of ten
数到 10；判输	counter out（to）
强制数 8 秒	compulsory count；mandatory eight count
站立计时	standing count
强制性计时限制	compulsory count limit
暂停计时；暂停数秒	suspend a count（to）
判分	award points（to）
有效部位	regular hitting surface；target area
得点拳	scoring hits
有效拳	correct blows；clean punches
有意识犯规	intentional foul
犯规拳	foul；illegalblow
不合法动作	illegal action
两次犯规失掉资格	double disqualification
警告	caution
等待裁决	wait for the decision（to）
全体一致决定	unanimous decision
把扭抱的拳击手分开	break a clinch（to）
终止比赛	stop the contest（to）；stop the bout（to）
裁判员终止比赛	referee – stop contest；RSC
胜局	bout won
击败对手	be outclassed（to）
得分获胜	win on points
因对方弃权而获胜	win by retirement
裁判员终止比赛获胜	win by referee stopping contest
取消比赛资格获胜	win by disqualification
击倒获胜	win by knock – out
技术击倒；技术获胜	technical knock out

续表

因头部受重击终止比赛获胜	win by "referee stop contest head" win by RSC – H
对手未出场获胜	win by forfeit; win by walkover
中场获胜	ahead – of – time win
因得分落后而失败	loss on points
因放弃比赛而失败	loss by retirement
因裁判员终止比赛而失败	loss by referee stopping contest
因取消比赛资格而失败	loss by disqualification
因被击倒不起而失败	loss by knock out
因头部受重击比赛终止而失败	loss by 'refereestop contesthead'; loss by RSC – H
分数领先	lead on points (to)
弃权	withdraw (to); retire (to)
放弃比赛	no contest
弃权	walkover
认输	throw in the sponge (to); throw in the towel (to)
因头部受击裁判员宣布终止比赛	referee – stop contest head; RSC – H
举起手套（认输）	hand up the glovers (to)
举起手	raise the hand (to)
举起胜者的胳膊	raise the winner's arm (to)
平局	draw
受伤	injury
裂口	cut
眉弓裂伤	cut over the eye; eyebrow cut
头部击中后站立不稳	groggy
不适合进行拳击（医检）	unfit for boxing
一边倒的比赛	one – sided contest
势均力敌的比赛	equal bout; even bout
头部危险动作	dangerous use of the head
吐出护齿	spit out the gum shield (to)
超出距离	out of distance

续表

技术/战术	technique/tactics
拳击	put on the gloves
击打	fight （to）
打击	punch；blow；hit
打击	hit （to）；strike （to）；land a hit （to）
打击力量	hitting power；punching power
搏击能力	fighting ability
用头部撞	head butt
用肘击人	elbow blow
用前臂击打	forearm blow
击后脑勺	rabbit punch；blow on the back of the neck
用脚踢	butt with the foot （to）
用膝顶	butt with the knee （to）
卡对方的脖子	throttle the opponent （to）
夹住对手胳膊	holding of the opponent's arm
基本拳法	fundamental blows
开始拳	leading – off blow
手掌击	clapping blow
反手击	backhand blow
开掌打击	blow with the open glove
用拳击手套手掌部位打击	blow with the inside of the glove
左手拳	left – hand blow；left
右手拳	right – hand blow；right
直拳	straight blow；straight punch
左直拳	straight left
右直拳	straight right
直拳击头	straight to the head
勾拳	hook
头部勾拳	head hook

续表

面部勾拳	hook to the head
肝部勾拳	hook to the liver
上体勾拳	body hook
左勾拳	left hook
右勾拳	right hook
左上勾拳	left uppercut
右上勾拳	right uppercut
摆拳	swings
左击拳	land a left（to）
右击拳	land a right（to）
虚晃	feint（to）
虚拳	fake blow
连续击打	press（to）
打组合拳	deliver a series of blows（to）
连续拳	series of blows；combination of blows
左右连续拳	left – right combination of blows
右左连续拳	right – left combination of blows
一二连击	one – two punch
拳打脚踢	flurry of blows
猛击	slugged
击头部的拳	head blow
击胸部的拳	heart blow
击胃部的拳	solar plexus blow
腹部拳	body blow
腰部拳	kidney blow
腰下拳	low blow；blow below the belt
击背部的拳	hit on the back
轻打	weak punch；light punch
重击	wallop；hard blow

续表

打偏一拳	deflect a blow （to）
偏拳	deflected blow
转身击打	pivot blow
决定性击打	decisive blow
前边的手臂	leading hand
后边的手臂	striking hand
进攻	rush （to）
防守；防御	guard；defense
防守动作	defensive action
传统防守	classic guard
左手防守	left – hand guard
不严密的防守姿势	open “on guard”
低姿势防守	low guard
高姿势防守	high guard
严密防守	closed guard
开放式防守	open guard
弯腰防守	crouching “on guard”
还击	cross；cross – counter
反击	counter attack；counter punch；counter neck
还击	counter （to）
直击	counter to a straight
左右躲闪后反击	counter with right/left ducking
反攻者	counter – offensive boxer
躲闪后反击	counter with slipping
防守反击	counter with parrying
退后一步后反击	counter with stepping away
格挡	parry （to）；parry
阻挡一拳	block a blow （to）
躲闪	evasion；slipping

续表

下蹲躲闪；下潜躲闪	low ducking
移动躲闪	weaving
侧身躲闪	slipping
低头躲避	ducking
摆体躲闪	swerve （to）
晃动防守	sway away （to）
撤步防守	step away （to）
躲开一拳	slip a punch （to）
近战	close fighting
中距离击打	medium – quarter fighting； medium – range fighting
远距离击打	outfighting
抱住	hold （to）； tie up （to）
拉住对方打	pull and hit （to）
步法	foot position； footwork
侧步	side step
向后移步	back step
向前移步	forward step
保持领先	retain the advantage （to）
伸臂；臂长	reach
臂长	longer in advantage （to）
头低过对手腰带部位	ducking below the belt of the opponent
双臂掩护	double cover
空拳攻防练习	shadow boxing
蹲伏	crouch （to）
进行拳击	go boxing （to）； box （to）
蹒跚；摇摇晃晃	be staggered （to）
冲撞	charge （to）
消极战	passive boxing
揭开	uncover （to）

续表

背对对手	turning outwards
互击	exchange of blows
经得起拳打	absorb blows (to)
被击一拳	take a hit (to); let a blow pass (to)
平衡	balance
拳击技术	ring - craft
刺拳；用拳猛击	jab
和对手保持一段距离	keep one's opponent at distance (to)
上拳击台	mount the ring (to)
进攻点	striking hand
身体易受攻击点	vulnerable spots of the body
第一姿势	first position
撤退；撤拳	retreat (to)
抱着打	hold and hit (to)
跳绳	skip (to)
拳峰部位	knuckle part of the g love
利用绳	use of the ropes
摇晃	stagger (to)
下颌	chin; lower jaw
抓住围绳；靠在围绳上	hold the ropes (to)
倒向围绳	hang on the ropes (to)
身体贴靠对方	lean on one's opponent (to)
身体贴靠围绳上	lean on the ropes (to)

主要参考文献

［1］刘卫军. 拳击运动教程［M］. 北京：北京体育大学出版社，2006.

［2］王德新. 现代拳击运动教程［M］. 上海：复旦大学出版社，2012.

［3］于德顺. 拳击运动［M］. 北京：北京体育大学出版社，2013.

［4］徐晋生. 现代拳击［M］. 西安：陕西人民出版社，1993.

［5］于德顺. 跟专家练拳击［M］. 北京：北京体育大学出版社，1998.

［6］藤野敏彦（日）. 拳击入门［M］. 北京：人民体育出版社，1996.

［7］何正方. 拳击入门［M］. 沈阳：辽宁科学技术出版社，1989.

［8］何正方. 女子拳击［M］. 上海：上海科学技术出版社，2008.

［9］何正方. 拳击［M］. 北京：人民体育出版社，1997.

［10］徐友安. 拳击训练和比赛问答［M］. 北京：北京出版社，1990.

［11］刘晓树. 艺术化的搏斗拳击［M］. 南昌：二十一世纪出版社，2006.

［12］黄汉升. 体育教学训练理论与方法［M］. 北京：高等教育出版社，2003.

［13］黄汉升. 体育科学研究方法［M］. 北京：高等教育出版社，2006.

［14］肖峰. 技术发展的社会形成［M］. 北京：人民出版社，2002.

［15］体院通用教材. 运动解剖学［M］. 北京：人民体育出版社，2006.

［16］郑旗. 体育科学研究方法［M］. 北京：人民体育出版社，2007.

［17］李秉德. 教育科学方法［M］. 北京：人民教育出版社，2002.